地球経済入門

人新世時代の世界をとらえる

妹尾裕彦
田中綾一 編
田島陽一

法律文化社

はしがき

　世界というシステムは、あまりにも複雑になっている。もはや、何がどうなっているのかを理解することさえ、たやすいことではない。いや、そもそも、世界の全体像が提示されることさえ、少なくなってきている。

　いまの学術研究は、精緻さで勝負が決まる仕組みになっている。だから、研究者は「局地戦」に没入しないと、勝負に負けてしまう。世界の全体像をとらえようとする営みは、「局地戦」の対極にあるので、こうした営みは、いまや労多くして割に合わないものとして、半ば放棄されかかっている気がする。

　さて、本書は、主に世界経済論や国際経済学を学ぶ、大学生のためのテキストである。このうち世界経済論は、本来、世界の全体像を経済学的な観点からとらえることに、強みのある分野である。ただし、そうした営みが難しくなっているのが、昨今である。このような中で編んだ本書には、次のような特徴をもたせている。

　第1に、広い視野にたって、ものごとを示そうとしたことである。これまでの世界経済論や国際経済学のテキストでは、地球環境や生態系、あるいは資源・エネルギーについては、よくいってもつけ足し的にしか扱われてこなかった。だが、地球と人類の持続可能性が21世紀の大問題となっている今日、こうしたテキストばかりで良いとは思えない。そこで、本書では、人類が発展と繁栄を求めてこの地球上で営んでいる経済活動を、根底からとらえようと試みることで、わたしたちの生存の前提条件が何であり、それがいまどのように揺らいでいるのかを、人類史的なスケールで示している。また、先進国に共通する傾向や、今日の途上国と先進国との関係性、さらに途上国地域間の比較と連結を示すことで、各国・地域を全体的にとらえる視角も導入している。『地球経済入門』という本書のタイトルは、何よりもこの第1の特徴に由来している。

　第2に、20世紀後半の世界経済の動向、特に事件史的なトピックの扱いを、控え気味にしたことである。これは、本書の主な読者が21世紀生まれであるこ

とや、歴史学の守備範囲がいまや20世紀後半にまで及んでいることを踏まえたものだが、次のような理由にもよっている。

　過去数十年、数多(あまた)の経済事象や事件が、危機や革命や転換点とみなされて、論じられてきた。だが、それらの多くは、もはやテキストでは扱われてさえいないか、せいぜい語句が簡単に出てくる程度となり果てている。つまり、新奇性のある経済事象や事件に、いちいち危機だの革命だの転換点だのといった過剰な意味づけをしては、それらをしばし消費したのちキレイさっぱり忘れ去る一方で、生存基盤の揺らぎという地球最大の危機については脇に置く、という構えが続いてきたわけである。はたして、このような構えによって、複雑さを増す世界というシステムを、適切に理解できるようになるのだろうか。こうした問題意識から、本書は、浮かんでは消える泡沫(うたかた)の経済事象をむやみに追いかけ羅列するよりも、そうした経済事象の根底にあってそれらに通底する論理や構造、あるいは長期的な趨勢を説明することに、むしろ力を入れている。もちろん、歴史的な経緯も述べられてはいるが、それは、こうした目的のためである。

　第3に、「人」が見えるようにしたことである。経済学は抽象度が高く、取っつきやすい学問分野とはいえない。とはいえ、経済活動じたいは、生身の人間が織りなすものである。そこで、働き方や所得格差、買い物の仕方や移民の動きなどに注目することで、人の生活から、地球規模の経済活動に興味をもってもらおうと試みた。さらに、一般の人々の生活を苦しめているものを浮き彫りにし、そこに批判的な目を向けることを促してもいる。

　第4に、テキストとしての「定番」をおさえてはいるが、単に通説を紹介して済ませるのではなく、ときに通説や俗説に批判的な目を向けたことである。たとえば、石油の枯渇や食料の不足を恐れる見方は誤解であること（第1章）、比較優位を機会費用だけで説明すると重要な論点が抜け落ちること（第3章）、ドルを中心とする国際通貨体制は当面の間続く可能性が高いこと（第6章）、中国での外資導入は改革・開放からしばらくの間は低調だったこと（第10章）、などはその典型であろう。これらは、研究者でも、各領域の専門家ではない限り、必ずしも適切に理解されてこなかった点だと思われる。

　ここで、本書の構成を紹介しよう。まず、第Ⅰ部（第1章〜第2章）は総論で、ここで地球経済を俯瞰的に論じている。次に、第Ⅱ部（第3章〜第8章）は各論で、国際貿易・国際金融・国際開発を2章ずつ扱っている。そして、第Ⅲ部（第9章〜第11章）は各国・地域経済論として、米国・中国・EUという主な国・地域を取り上げている。すべての章を、2〜3回ずつで学べば、4単位の講義に最適な分量となる。しかし、大学や学部によっては、国際貿易・国際金融・国際開発を2単位の講義で扱うことも多いだろう。そのような場合には、第3章で国際貿易を、第5章で国際金融を、第7章で国際開発を少しずつ学ぶ、といった使い方もできるようにしてある。

　法律文化社の小西英央さんに本書の構想を披露してから、このたび本書を世に送り出すまでには、「まさか」のアクシデントが幾つもあって、想定外の年月を要してしまった。この間に、適切な催促と寛容なご対応をいただいた小西さんに、遅れをおわびしつつ、厚くお礼を申し上げる。また、各執筆者の執筆のベースとなる授業を聴いて質問をしてくれたり、各章の草稿を読んでコメントをしてくれた、学生・卒業生の皆さんに、とても感謝している。さらに、各執筆者が知人や勤務先から得た励ましやサポートにも、謝意を申し述べたい。

　21世紀に入って早20年、読者の中には、2100年を生きて迎える人が少なからずいる。そのとき、この地球経済は、どうなっているだろうか。それをこの目で確かめることができる者は、本書の執筆者には、いない。教育とは世代を引き継ぐ営みだと思う。読者が22世紀に向かって生きる上で、本書がその導きとなれば、とてもうれしい。

　　2020年9月　戦後75年

編　者

　付記：本書で、「東アジア」とある場合、韓国や中国などの狭義の東アジア諸国はもちろんのこと、タイやインドネシアなどの東南アジア諸国も含んでいる。これは、世界銀行の用法にならったものである。

目　　次

はしがき

第 I 部　地球経済を概観する

第 II 部　国境を越える経済活動を学ぶ

第Ⅲ部　主な国・地域の経済を学ぶ

第 I 部

地球経済を概観する

第**1**章

地球経済をどう見るか

──持続可能な世界への長い道のり──

■キーワード
　化石燃料、流体革命、緑の革命、ハーバー＝ボッシュ法、都市化、人新世（アントロポセン）、プラネタリー・バウンダリー、パリ協定、持続可能な開発目標（SDGs）、「今だけ、カネだけ、自分だけ」

　わたしたちが生きている地球上での人類の経済活動というものを、どのようにとらえたらよいのだろうか。わたしたちは今、どのような世を生きているのだろうか。こうした大それたことを考えるために、本章では、まず人類の経済成長の歩みとその現段階を、長いスパンで、大まかにとらえよう。次いで、今日の人類の未曾有の発展と繁栄が、どのような生存基盤の上に成り立っているのかについて、そのメカニズムも含めて考えよう。そして、この生存基盤に関して人類が抱えている挑戦課題を学びつつ、「地球経済」という見方の意義を学ぼう。

第1節　人類の経済成長の歩みを大まかにとらえる

　表1-1は、世界の国内総生産（GDP）、人口、1人あたりGDPの推移である。それぞれについて、中国・インドと西欧・アメリカの割合や水準も記してある。この表から、人類の経済成長の歩みと現在に関して、次の4つの大きな構図をおさえたい。
　(1)近代（1820年）より前の世界では、1人あたりGDPは、どの地域でも大

表 1‐1　世界の GDP、人口、1 人あたり GDP

	1000年	1500年	1820年	1870年	1913年	1950年	1980年	2015年
①世界の GDP（千億ドル）	1.2	2.5	7	11	27	53	200	639
うち中国・インドの割合	51%	49%	49%	29%	16%	9 %	8 %	30%
うち西欧・アメリカの割合	9 %	18%	25%	42%	52%	53%	45%	30%
②世界の人口(億人)	2.7	4.4	10	13	18	25	44	74
うち中国・インドの割合	50%	49%	57%	48%	41%	36%	37%	37%
うち西欧・アメリカの割合	10%	14%	14%	18%	20%	18%	13%	9 %
③世界の 1 人あたり GDP(ドル)	453	566	666	870	1,524	2,111	4,512	8,649
中国・インド	457	574	576	531	602	516	1,011	7,077
西欧・アメリカ	426	759	1,199	2,040	3,959	6,229	15,225	29,176

(注) 世界の GDP と世界の 1 人あたり GDP は、購買力平価による1990年の米ドルによる（購買力平価については、第 6 章と第 7 章を参照）。
(出所) Angus Maddison, *Statistics on World Population, GDP and Per Capita GDP, 1-2008 AD*, Jutta Bolt et al., *Rebasing 'Maddison': New Income Comparisons and the Shape of Long-run Economic Development*, United Nations, *World Population Prospects*. 2015年分の一部は筆者推計。

差なかった。このため、経済規模（GDP）は人口規模と対応していた。経済大国とは人口大国であり、世界人口の約 5 割を占めていた中国・インドが、世界の GDP でも約 5 割を占めていた。また、経済成長と呼べるほどの動きはなかった（1000〜1820年の世界の GDP の伸び率は年0.21％であり、1 人あたり GDP の伸び率は年0.05％）。

　(2)近代に入って、GDP の伸び方が格段に大きくなり、経済成長と呼べる動きが出てきた（1820〜2015年の世界の GDP の伸び率は年2.36％）。また、GDP の伸び方が、人口の伸び方を大きく上回るようになったことで、1 人あたり GDP の持続的な向上が始まった。なお、世界の GDP の伸び率は、1950〜80年の間に年4.67％と最大になった（1980〜2015年は年3.47％に低下）。1950〜70年代の高度経済成長は、人類史の「例外時代」である。

　(3)ただし、近代以降の GDP の伸び方は、地域ごとに大きく異なった。いち早く伸ばし始めたのは、西欧・アメリカである。1820年には、西欧・アメリカは世界の GDP の25％を占めるに過ぎず、中国・インドが約 5 割を占めていた。だが、この割合はわずか数十年で逆転し、20世紀になると、人口で約 2 割

3

の西欧・アメリカが、世界の GDP の 5 割以上を占めるまでになった。他方で、中国・インドの GDP は、20世紀後半には、世界全体の 1 割弱まで落ち込んだ。したがって、1 人あたり GDP で見ると、西欧・アメリカは世界平均を大きく上回り、中国・インドは大きく下回る状態になった（この両者の格差が最大になったのは、1974年の16倍）。

　(4)20世紀の終わり近くになって、途上国で大きく経済成長する国が増えてきた。この結果、中国・インドの GDP は、2015年には世界の GDP の 3 割にまで回復し、西欧・アメリカのそれに肩を並べた。これは、19世紀半ば以来のことである。もちろん、中国・インドの人口は多いので、その 1 人あたり GDPは、西欧・アメリカよりも依然低いが、両者の差は縮小傾向にある。こうした動きにとりわけ寄与しているのは、中国の経済成長である。

　さて、中国・インドは世界人口の約 4 割を占めているので、この地域の経済水準が向上すると、先進国―途上国間の経済格差は縮小していく。途上国の急速な経済成長と、これに伴う先進国―途上国間の経済格差の縮小は、過去50年間に地球上で生じた最も重要な変化であり、21世紀の世界を特徴付ける一大トレンドでもある（→第 2 章）。

第 2 節　近代の発展と繁栄の基盤(1)：エネルギー

2.1　エネルギーとは何か

　表 1 - 1 では、人類の 1 人あたり GDP の持続的な向上が、19世紀初頭に西欧・アメリカで本格的に始まったことを見た。具体的には、まずイギリスが産業革命と呼ばれるような工業化の口火を切り（第 1 世代工業化）、19世紀半ばからはフランス、アメリカ、ドイツがこれに続いた（第 2 世代工業化）。さらに19世紀末からはロシア、日本などが先行国を追い（第 3 世代工業化）、20世紀の後半になると、途上国の中からも工業化を進める国が出てくる（第 4 世代工業化）、という形で進んできた。

　このように、国によって、持続的な経済成長の始まった時期は異なる。どのような産業を、どのように発展させたのかも、異なる。政治体制さえ、大きく

異なる。しかし、近代の経済成長には、それを可能にする1つの共通要因がある。エネルギーの大量消費だ。

　まず、エネルギーとは何かをおさえよう。

　エネルギーと聞いて、電気を思い浮かべるのは誤解だ。エネルギーとは「仕事能力」のことで、ここでは熱源・動力源や原材料ととらえてよい。具体的には、①**化石燃料**（石炭・石油・天然ガス）、②原子力、③再生可能（薪・風力・水力・太陽光など）に大別される。いずれも自然界に存在するので、一次エネルギーと呼ばれる（ちなみに、電気やガソリンは、一次エネルギー由来なので、二次エネルギーと呼ばれる）。世界の一次エネルギー供給の9割弱は化石燃料であり（石炭28%、石油34%、天然ガス23%）、原子力は4%、再生可能も10%に過ぎない（2017年）。

　また、エネルギーの利用には、ロス（損失）が避けられない。たとえば、石炭火力発電では、石炭を燃やすことで水を熱し、その蒸気の力でタービンを回して電気を起こすが、石炭が持つエネルギーのすべてを電気に変えることはできない。そこで、一次エネルギーの供給量からロスを除外した分（＝実際の仕事能力として使われた分）を、最終エネルギーと呼ぶ。世界の一次エネルギー供給を100とすると、最終エネルギー消費は70程度となる。

　この最終エネルギー消費を用途別に見ると、「産業」が38%、「運輸」が29%、「民生・農業・他」が33%である。ちなみに、一次エネルギー供給（上記の100）のうち37%が発電向けに投じられているが、最終エネルギー消費（上記の70程度）のうち電力という形態で使われたのは、19%に過ぎない（2017年）。

　さて、単にエネルギーといった場合、それは一次エネルギーのことを指す。また、エネルギーの用途ですぐ思い付くのは自動車だが、これにトラック・船舶なども含めた「運輸」でも、全体の1/3に満たない。人類のエネルギー消費の主用途は、「産業」や「民生・農業・他」のほうである。

2.2　なぜ経済成長はエネルギーに依存するのか

　では、「産業」や「民生・農業・他」とは、具体的にはどのようなものだろうか。

　一般に、近代の経済成長の過程では、道路、橋、送電網、鉄道、港、ダム、上下水道といったインフラストラクチャー（インフラ）のほか、ビルや集合住宅の建設も進む。そしてこれらの建設には、鉄鋼、セメント、ガラスなどの基礎資材が大量に必要となるが、この基礎資材の生産には大量のエネルギーを要する。たとえば、鉄鋼は、鉄鉱石から取り出した銑鉄を加工して作られるが、この銑鉄を１トン得るには、石炭を約0.8〜１トンも必要とする。セメントやガラスでも、生産工程で必要な1000度以上の熱源を、化石燃料に求めている。

　また、経済成長が進むと、自動車、鉄道車両、船舶、各種機械、家電製品などの生産が活発になるが、これらにも基礎資材が不可欠だ。さらに、化学繊維、塗料、プラスチック製品、化学肥料などに至っては、石油や天然ガスを原料としている。もちろん、工場での動力源としても、化石燃料が使われている。このように、工業製品の生産という経済活動では、大量の化石燃料が、熱源・動力源や原材料として用いられている。

　さて「産業」という用途は、この工業部門でのエネルギー消費のことである。これに対して「民生・農業・他」とは、サービス業や家庭でのエネルギー消費を指す。そして「運輸」は、「産業」や「民生・農業・他」を支える物流や交通でのエネルギー消費のことである。

　このように見ると、近代経済は、エネルギーの大量消費を駆動力としていることがわかるだろう。人類が近代以前から使っていたエネルギーとは、薪（木材）、風力（風車）、水力（水車）、そして畜力（たとえば牛・馬）などだったが、これらには量的・地理的な制約があった。この制約を打破したのが、産業革命以後に大量に利用され始めた石炭であり、やがて石油と天然ガスも徐々に使われだした。工業化とは、化石燃料の大量消費によって可能になったのであり、実際、工業化の進んだ先進国の１人あたりエネルギー消費量は、途上国のそれより５倍も多い。また、日本を例にとると、1885年から21世紀初頭にかけて、１人あたりエネルギー消費量は41倍も増えた（2004年がピーク）。

　図１-１からは、世界の一次エネルギー利用量が1950年以降に急増したことや、それを支えたのは主に石油だったことがわかる。人類史の「例外時代」である1950〜70年代の高度経済成長——１人あたりGDPが急速に向上した——

図1-1　世界の一次エネルギー利用量

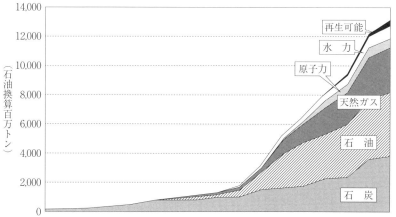

(出所) 日本エネルギー経済研究所計量分析ユニット編 (2017:61)

　の背後には、エネルギー、特に石油利用の急拡大があったといえる。

　近代経済では、各種のインフラの建設から、人々の健康・生命を支える上下水道や食料生産、通学・通勤、医療・介護に至るまで、あらゆる局面でエネルギーの大量消費が欠かせない。たとえば、わたしたちが毎日を過ごす大学の建物やバイト先の飲食店のビル、あるいは住まいであるマンションの建設資材の生産には、大量のエネルギーが投じられている。また、通学・通勤に使われるエネルギーといえば、電車やバスを動かす電気や軽油を思い浮かべがちだが、その車体、レール、駅舎などを構成する鉄鋼、セメント、ガラスも、大量のエネルギー投入による産物である。わたしたちは、エネルギーの大量消費なき文明社会というものを、まだ実現できていないのである。

2.3　石油と国際貿易・国際金融とのつながり

　次に、化石燃料 (特に石油) の重要性を、国際貿易・国際金融の面からも見ておこう。

　世界の財貿易 (輸出) 総額のうち、7割以上を工業製品が占めており、素材

表1-2　世界の輸出総額に占める乗用車と化石燃料の輸出額の割合

（5年平均、%）

	2001-2005	2006-2010	2011-2015
乗用車	5.0	4.0	3.7
石油（原油）	6.0	8.2	8.0
天然ガス	1.2	1.6	1.9
石炭	0.4	0.5	0.6

（出所）UNCTAD, *UNCTADstat*

（＝農産物や、化石燃料も含めた鉱産物のこと）は3割に満たない。しかし、最も貿易額が多いのは石油（原油）であり、2番目が工業製品の代表格である乗用車だ（表1-2）。また、化石燃料の貿易額は、世界の貿易額の1割にも達する（なお、表1-2での石油や天然ガスには、ガソリンや灯油といった精製品を含まない。仮にこれらを含めると、化石燃料の存在感はさらに大きくなる）。

　さて表1-2からは、化石燃料の中で、石炭の輸出額が小さいことがわかる。石炭は、一次エネルギーの供給では石油と肩をならべるほどなのに、なぜ輸出額ではこれほど小さいのか。その大きな要因は、石油と石炭の地理的な偏在度の違いにある。石炭は石油と異なり多くの国で産出するので、あまり輸出入されない。ということは、一次エネルギー供給源として、石炭よりも石油が重要になると、化石燃料の貿易額が世界貿易に占める割合も高くなると推察できる。では、こうした事態はいつ生じたか。

　図1-1からも見て取れるように、石油が石炭に代わって一次エネルギーの最大の供給源になったのは、1965年だった。この**流体革命**によって、エネルギーの主な利用国である先進国は、これを大量に輸入する傾向を強めた。となると、エネルギー貿易額が増加するが、1970年代のオイルショックによる石油価格の高騰で、この増加には拍車がかかった。

　こうして貿易に占める石油の比率が高まり、また産油国へ支払われる石油の代金が急膨張したことは、以後の国際経済を大きく変化させた。この変化の影響は、たとえば、石油が最大の輸入品目である日本では、原油価格が高騰すると貿易収支が赤字に転じたり、中東の産油国が巨額のオイルマネーを世界中に

投資する、といった形で今でも続いている（→第5章・第6章）。ここではひとまず、エネルギー（特に石油）貿易と国際金融との間に深いつながりがあることを、おさえておきたい。

2.4　石油の近未来の枯渇はない

　ところで、石油をはじめとする化石燃料については、近い将来の枯渇が懸念されることが多い。実際に、「石油の可採年数は30年」といった表現を見聞きして、「石油は30年後には枯渇してしまう」と思った人は、多いだろう。だが、化石燃料はそう簡単には枯渇しない。こういえる理由を、化石燃料の中で最も可採年数の短い石油を例に、考えよう。

　そもそも、石油の可採年数とは、ある年の石油の「確認埋蔵量」を年間生産量で割った値なのだが、確認埋蔵量とは、地球に埋まっている石油の総量を意味する「総資源量」とはまったく別の概念である。確認埋蔵量とは、「現在生産中または近い将来に生産が始まる予定で、かつ確実に産出を見込める量」というべきものであり、総資源量の一部に過ぎない（図1-2）。また、確認埋蔵量とは、量が最初から決まっていて採掘により減る一方、というものでもない。新規の油田の発見のほか、採掘技術の革新などで、ここに加わる分がたくさんある。

　要は、可採年数やそのベースとなる確認埋蔵量は、石油の寿命を意味する概

図1-2　総資源量と確認埋蔵量の関係

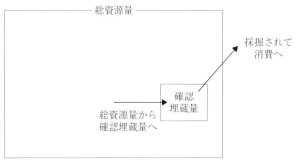

（出所）筆者作成

9

念ではない、ということだ。こうした数値を見て、「石油は近い将来に枯渇する」と思ってはいけないのである。

　人類が石油採掘を始めた19世紀後半から今日までに消費した石油は、その総資源量の１％強と見られている。もっとも、残る99％弱のすべてを採掘可能かといえばそうではなく、採掘可能なのはこの一部に過ぎない（採掘に莫大なコストを要したり、採掘が技術的に困難なものも多いため）。しかし、それでも人類は、今日までに消費したよりも多くの――少なくとも2.5倍以上の――石油をなお採掘可能である、と考えられている。したがって、石油を入手する持続可能性については、当面のところ心配には及ばない。では、石油の大量の入手がなお可能だとして、そこには何の問題もないのだろうか？　この点は、第４節で考えよう。

第３節　近代の発展と繁栄の基盤⑵：食料

3.1　わたしたちは食料危機から遠ざかっている

　さて、表１-１に戻ろう。20世紀は、人類史上最も急速に人口が増加した時代で、1900年に約16億人だった世界人口は、1950年に25億人強、2000年には61億人強まで増えた。つまり、20世紀の前半に1.6倍増、後半には2.4倍増となったわけである。このため20世紀後半の人口急増は、人口爆発と呼ばれた。もっとも、世界の人口増加率は1965〜70年の年2.05％が最大で、2010〜15年には年1.19％まで低下しているのだが、それでも世界人口は2040年には90億人を超える。そして、人口が増えれば食料もより多く必要となるから、「将来、食料が不足して、食料危機が起きるのではないか」と思う人も多いだろう。実際に、この種の懸念は、昔から繰り返し表明されている。

　だが現実には、人口の増加率よりも、人間の主食である穀物の増産率のほうが大きい。実際に、1961〜2010年の50年間で、世界人口は31億人から70億人へ2.3倍増だったのに対して、穀物の世界生産量は8.8億トンから24.8億トンへ2.8倍増となった。つまり、わたしたちは、食料危機からむしろ遠ざかっているのである。

3.2　食料増産の構図と要因

　この穀物の増産は、どのように進んだのだろうか。「生産面積が大きく拡大したのだろう」と思う人が多いだろうが、これは間違い。実は世界の穀物生産面積は、上記の50年間に、6.5億 ha から6.9億 ha へと少ししか増加していない。伸びたのは、面積ではなく単収（単位面積あたりの収穫量）で、同期間に1.4トン/ha から3.6トン/ha と2.6倍になった。つまり、穀物の増産は、単収の向上で達成されてきたのだ。では、単収の向上は、どのように成し遂げられたのか。

　一般に、穀物がよく育つには養分が必要である。だから単収を高めるには、肥料を投入する必要がある。だが、単に肥料を投入すれば良いわけではない。なぜなら、たとえば小麦では、肥料のおかげで穂がたくさん稔ると、穂の重みで倒れやすくなり、収穫量が低下することがあるからだ。これでは肥料を投入する意味がない。

　そこで、肥料の投入で穂がたくさん稔っても倒れないようにしたい、というニーズが出てくる。こうしたニーズをかなえるのが、品種改良だ。たとえば、肥料によく反応して穂がたくさん稔る品種と、丈が低くて倒れにくい品種とを掛け合わせることで、高収量だが倒れない新品種を人為的に作り出すのである。こうした品種改良は、穀物では20世紀前半にトウモロコシで始まり、やがて米や小麦でも実現されて、その成果は20世紀後半以降、世界各地に広まった（**緑の革命**）。なお、品種改良は、いまでも世界中で不断に続けられている。

　とはいえ、単収を高めるには、肥料の投入増や品種改良だけでは済まない。穀物や気候条件次第では、農業用水の供給改善（灌漑設備の整備）も必要である。また、収穫量が増えると、農業機械の必要性も高まる。さらには、新品種の作付けに関するノウハウの普及や、その体制の整備（農業試験場や普及員）も必要になる。

　このように、単収を高めるには、①肥料、②品種改良、③灌漑設備、④農業機械、⑤生産ノウハウの普及など、さまざまな要件が組み合わさる必要がある。人類は20世紀の後半以降、肥料投入を増やし、品種改良に励み、新品種の生産ノウハウを普及させ、ダムや水路を整備し、農業の機械化を進めることで、単収を高めてきたのである。

3.3　窒素肥料の大量生産が人類を支えている

　ここで、肥料についてもう少し深めておこう。肥料の三大要素は、窒素、リン、カリウムで、中でも窒素が最も重要だ。また、人類が長らく利用してきた肥料とは、堆肥（落葉や糞尿に由来）や、油粕（植物油の絞りかす）といった動植物質の肥料だったが、この種の肥料の量を大きく増やすことは困難だ。

　ところで、「窒素ならば、空気中に大量に含まれているのだから、これを肥料に使えないか」という発想が出てくる。ただ残念ながら、ほとんどの植物は、気体の窒素そのものをそのまま吸収することはできない。では、どうすればよいか。

　この課題は、窒素と水素を高温高圧下で反応させてアンモニアを生産する**ハーバー＝ボッシュ法**の確立（1913年）で解決された。というのも、アンモニアがあれば、これをベースにして窒素肥料を大量に生産できるからだ。ちなみに、アンモニアの生産に必要な水素は、天然ガスの成分であるメタンから得るというのが、今日では一般的だ。要するに、窒素肥料は、化石燃料から大量生産されるようになったのである（世界では、化石燃料の約1％が、化学肥料の生産に用いられている）。

　「空気中の窒素を肥料に変える」とも称されたハーバー＝ボッシュ法ほど、人類の食料増産に大きく貢献したものはない。この発明がなければ、世界人口は今の半分程度にとどまるとの推計さえあるほどだ。また、大量に供給されるようになった穀物が、畜産の飼料としても活用されるようになったことで、食肉、卵、乳製品の供給が大きく増えた（たとえば、1961〜2010年の50年間で、世界の食肉の生産量は4.1倍、卵は4.6倍、チーズは4.7倍に増えた）。こうして、人類の栄養状態が改善され、寿命が延びていることも、見逃せない。

3.4　食料増産はまだ続く余地が大いにある

　以上からわかるように、20世紀後半以降の穀物の増産や単収の向上は、化石燃料の利用や工業化によるところが大きい。窒素肥料は化石燃料に由来しているし、農業機械にもダムや水路の整備にも、鉄鋼やセメントなどの基礎資材が欠かせない。単収が、工業化の進んだ先進国で高く、途上国で低いのは、当然

表1-3　世界各地の穀物の単収

(トン/ha)

	世界	西欧	北米	南アジア	サブサハラ・アフリカ
1961年	1.4	2.4	2.2	1.0	0.8
1971年	1.9	3.9	3.4	1.2	0.9
1981年	2.2	4.5	3.8	1.4	1.2
1991年	2.7	6.3	4.0	1.9	1.1
2001年	3.1	6.8	5.1	2.4	1.1
2010年	3.6	6.9	6.3	2.8	1.4

(出所) FAO, FAOSTAT

のことなのである（表1-3）。

　これは、途上国のほうが単収を引き上げる余地が大きい、ということでもある。そして途上国の単収が、先進国の水準に近づいていけば、世界の穀物生産はそれだけ増える。したがって、「人口が増加するから世界は食料危機に陥る」と思うのは、やや短絡的だとわかるだろう。では、このような食料生産や増産には、何の落とし穴もないのだろうか？　この点も、第4節で考えることにしよう。

3.5　単収が向上すれば都市化と経済成長が進む

　ところで、単収の向上や農業の機械化によって、より多くの食料を相対的に少人数で生産できるようになれば、農業従事者の割合が減って、工業やサービス業に携わる人の割合が増える。つまり、**都市化**と経済成長が進みやすくなる。これは、今まさに地球上で起こっていることであり、実際に2008年、人類史上初めて、世界人口の過半が都市人口となった。

　また、より多くの食料を相対的に少人数で生産できるようになるということは、職業選択の自由が広がる、ということでもある。しかも工業やサービス業では、高度な能力を持った人材が求められ、こうした人は高い所得を得られる。だから世界中の若者が、大学や大学院まで進学するようになっている。わたしたちの大多数が、生きるために畑を耕す必要なく都市に住み、大学に通

い、職業を自由に選べるのは、食料生産の効率化があってのことなのである。自由で豊かな生活を支えるこの前提条件を、忘れないようにしたい。

第4節　環境負荷の上にある地球経済

4.1　人新世（アントロポセン）としての現代

　第1節（表1‒1）では、今日の世界経済の基本構図——途上国の急速な経済成長と、これに伴う先進国—途上国間の経済格差の縮小——が作られ始めた転換点が、20世紀の第4四半期だったことを見た。しかし、図1‒1を見れば、化石燃料の大量消費に基礎付けられた経済成長が1950年頃に始まったことのほうが、はるかに根源的な基本構図であって、途上国の急速な経済成長も、化石燃料の大量消費による経済成長の一コマに過ぎない、とわかる。

　さて、化石燃料の大量消費を基盤とする1950年以降の人類の経済活動の爆発的な伸張（大加速）は、いまや地球環境を大きく改変するに至っている。それは、たとえば二酸化炭素（CO_2）やメタンの大量排出による地球温暖化であり、化学肥料の過剰な施肥による水質汚染であり、あるいは土に還ることのないプラスチックの大量廃棄などであり、おかげで地層には、人類のこうした所業の痕跡が、恒久的に刻み込まれるようになっている。そこで、こうした事実に基礎を置く形で、「いまや人類は、人新世（アントロポセン）と呼ぶべき新しい地質年代区分に突入したのではないか」、と考えられ始めている（人新世とは、「人類の時代」という意味）。

　これまで、地質年代区分の最新段階は完新世（約1万1700年前から）である、とされてきた。この完新世とは、最後の氷河時代が終わって気候が安定した温暖な時期である。また、人間が食料を得るために狩猟や採集だけに依存するのではなく、農耕を始めることができた（約1万年前から）のも、この気候の安定のおかげである。つまり、人類の未曾有の発展と繁栄とは、完新世という環境があってのことであり、人新世への突入とは、自らに都合の良い環境を人類がわざわざ損なっていることを意味している。ちなみに、人新世の開始時期としては、1950年前後とする考え方が有力である。

4.2　プラネタリー・バウンダリーとは

　人類が人新世を作り出したということは、**プラネタリー・バウンダリー**（地球の限界）に直面するようになった、ということでもある。

　プラネタリー・バウンダリーとは何か。これは、人間の活動によって地球システムへの負荷が高まり続けた結果、地球システムが、人類の望まない状態へ急激に、また回復不可能なまでに変化する可能性が高くなる限界のことである。具体的には、主な地球システムから、①気候変動、②生物多様性の喪失、③土地利用の変化、④窒素およびリンによる汚染、⑤淡水の消費、⑥海洋酸性化、⑦大気汚染またはエアロゾル汚染、⑧成層圏オゾンの破壊、⑨化学物質汚染の9つが特定されており、それぞれで限界値が見積もられている。また、これらのうち①〜④の4つでは、すでに限界値を超えている、と考えられている。そこで、この4つについて、少し掘り下げておこう。

　まず①の気候変動は、主に、温室効果ガスの排出が原因である。これを発生の起源から見ると、自然起源と人為起源がある。また、ガスの種類としては、二酸化炭素、メタン、フロン類などがある。人為起源の温室効果ガス全体の中で最も影響が大きいのは、化石燃料の利用で生じる二酸化炭素であり、これだけで人為起源の温室効果ガス全体の約2/3を占めている。

　とはいえ、メタンも無視できない。メタンは、排出量自体は二酸化炭素よりも圧倒的に少ないが、単位量あたりで二酸化炭素の約25倍もの温室効果を有する。このため、温室効果ガス全体の16%をメタンが占めている（CO_2換算ベース）。しかも、人為起源のメタン排出量のうち、家畜由来だけで約30%もあり（排泄物や、牛などの反芻動物のゲップなどから出る）、これに農耕も含めた農業由来のメタンの排出量は、化石燃料由来のそれよりも多いほどである。

　次に②の生物多様性の喪失は、現在、生物種の絶滅率で計測されている。今日、生物種の絶滅が過去に例のないほど急速に進んでいる（＝絶滅率が高い）のだが、こうした生物種の大量絶滅は、生態系を大きく乱す。この乱れの結果、植生が変動して気候変動が加速したり、植物の受粉機能を果たす動物や土壌中の微生物の減少によって食料生産が打撃を受ける、といった問題が生じる。

　③の土地利用の変化とは、都市や農地利用の拡大が、生物多様性や淡水の利

用可能性の低下のほか、温室効果ガスの吸収源である森林の喪失を引き起こしている、というものである。なお、ここでいう農地とは、穀物生産用地以外の農業用地を含んでいる。具体的には、東南アジアでのアブラヤシの作付地やブラジルでの牛の放牧地の拡大が、森林の喪失を引き起こしている農地利用の拡大の典型例である。

　最後の④の窒素およびリンによる汚染は、たとえば、湖沼・内海の富栄養化や、硝酸性窒素による地下水の汚染といった形をとる。前者の富栄養化とは、窒素やリンといった栄養素が湖沼・内海に流れ込むと、その水域が富栄養化して水草や植物プランクトンが大量発生する、というものである。これらはやがて死滅するが、その死骸の分解過程で硫化水素が発生し、これが魚介類の大量死や新たな水質汚染を招く。原因は、化学肥料の過剰施肥のほか、生活排水や工場排水もある。

　後者の地下水の汚染とは、土壌に過剰負荷された有機態窒素やアンモニア態窒素が、硝酸態窒素に変わると、これは土壌中に保持されにくいので地下水に流れ込み、水質を汚染する、というものである。欧州では、地下水を水源としている場所が少なくないが、その地下水から、飲料水の基準値を超える硝酸塩が検出される地域がある。原因は、化学肥料の過剰施肥のほか、畜舎で生じる家畜の糞尿の不適切な処理もある。

4.3　問題は石油や食料の量ではない

　こうして見ると、限界値を超えている４つのプラネタリー・バウンダリーはいずれも、化石燃料の大量消費と食料生産の拡大——人類の発展と繁栄の基盤——と深く関係していることがわかる。

　なるほどたしかに、第２〜３節で見たように、石油は簡単には枯渇しないし、食料増産の余地も大いにある。だから、「石油が枯渇する」とか「食料が足りなくなる」といった通俗的な見方は、間違いである。

　しかし、石油が簡単には枯渇しないからといって、これをためらいもなく使い続けるのは、地球温暖化を前にした時、妥当ではない。同様に、食料増産の余地が大いにあるからといって、既存の農法や食料供給システム、そして森林

伐採を続けるのは、温室効果ガスの排出のほか、窒素・リンによる汚染や森林の喪失などの落とし穴が多すぎる。つまり問題は、石油の残量や食料増産の余地の有無ではなく、人類の不適切な経済活動が地球システムに大きな負荷をかけ続けてきた結果、地球の気候的・生態学的な安定が損なわれつつある（したがって、いまや完新世ではなく人新世だ）、ということなのである。

　プラネタリー・バウンダリーは、主要な地球システムから9つが特定されているが、このうち1つでも限界値を超えると、他のバウンダリーは狭まる方向に変化する、という。また、地球システムは相互に作用しており、1つでもプラネタリー・バウンダリーを超えると、人類が予想もしえない大きな変化が生じてしまう可能性があるので、本来は9つのすべてが限界値を超えないようにする必要がある（Rockström and Klum 2015＝2018）。

4.4　人類の目標と地球経済のあり方

　では、人類はどうすればよいのか。「厚着をして暖房を我慢する」といったように、身の回りの生活水準を切り下げて対処しようとする方策は、第2節からもわかるように、実効性がない。しかも、こうした後ろ向きの考え方では、途上国の貧困も撲滅できない。人類は、一方では、プラネタリー・バウンダリーを超えないようにしつつ、他方では、世界中の人々が貧困から脱し、尊厳ある生活を送れるようにするという課題を抱えていることを、忘れてはいけない（→第7章・第8章）。

　したがって、考え方としては、プラネタリー・バウンダリーを超えないよう、不適切な経済活動を持続可能なものに変えていく、ということが基本となる。特に、「3つのゼロ」の実現は、喫緊の重要課題だ（Rockström and Klum 2015＝2018）。すなわち第1に、①の気候変動について、脱化石燃料化を進めて炭素排出量を実質ゼロにすること、第2に、②の生物多様性の喪失について、種の絶滅をゼロにすること、第3に、③の土地利用の変化について、農地の拡大をゼロにすること。もちろん、これらに加え、農法の改善などを進めて、農業由来の環境負荷——温室効果ガスの排出や窒素・リンによる汚染——の低減と、食料増産とを、同時並行で進める必要もある。ちなみに、①についての世

図1-3 人類の基本的なニーズ（必要）の充足とプラネタリー・バウンダリー

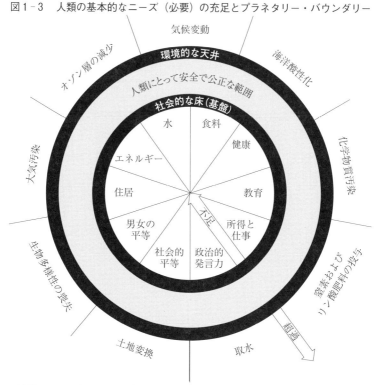

（出所）Raworth（2017＝2018：56）を一部改変。

界全体での対応の枠組みが、2015年に採択された**パリ協定**だ。

　ここで重要なことは、生活水準を切り下げるのではなく、生活水準の向上と持続可能性の向上とを同時に追求する、という点である。もちろん、この両立は簡単ではないし、両立が実現可能かどうかは誰にもわからない。だが、この両立を目指す以外に、他にすべはない。実際に、2015年に国連で採択された**持続可能な開発目標**（SDGs）（→第7章）は、このプラネタリー・バウンダリーという概念を基礎にして設定された、人類の共通目標である。持続可能性の向上は、21世紀の地球経済の最大の課題だ。

　図1-3は、途上国の貧困撲滅のような生活水準の向上と、プラネタリー・

バウンダリー内での経済活動との両立を示した概念図である。図の内側（ドーナツの穴の部分）は、生活水準が極度に低い状態を意味しており、外側は、不適切な経済活動によってプラネタリー・バウンダリーを超えていることを意味している。この図は、「人類の生活水準と経済活動はドーナツの部分にあるべきだ」、という基本価値を示している。

　経済学も、この基本価値を踏まえる必要がある。経済学には多くの分野があり、各分野が人類の生活水準の向上に貢献してきた。だが今日、これら各分野は、人類の経済活動がプラネタリー・バウンダリーに収まることにも、貢献しなくてはならないはずだ。

　地球経済を学ぶとは、国家間の財・サービスの貿易やマネーの動きの分析にとどまるものではない。また、資本主義経済の世界的な展開の解明にとどまるものでもない。それは、人類の発展と繁栄を可能にしてきた生存基盤に目を向け、今わたしたちはいかなる時代を生きているのかをとらえ直しつつ、持続可能性を基本価値としてより良い経済社会を考える、ということである。また、少数の経済的上位層が豊かになる一方で、生存基盤のみならず、先進国の多くの人々の所得向上も犠牲にしている今日の経済活動のあり方（→第2章）――「**今だけ、カネだけ、自分だけ**」――は、これで良いのか、良くないならどう変えればよいのか、を考えることでもある。

　『地球経済入門』へ、ようこそ。

参考文献

日本エネルギー経済研究所計量分析ユニット編, 2017, 『図解エネルギー・経済データの読み方入門　改訂4版』省エネルギーセンター.

Raworth, Kate, 2017, *Doughnut Economics: Seven Ways to Think Like a 21st-Century Economist*, London: Random House Business.（黒輪篤嗣訳, 2018, 『ドーナツ経済学が世界を救う――人類と地球のためのパラダイムシフト』河出書房新社.）

Rockström, Johan and Mattias Klum, 2015, *Big World, Small Planet: Abundance within Planetary Boundaries*, Stockholm: Max Ström Publishing.（武内和彦・石井菜穂子監修, 谷淳也・森秀行ほか訳, 2018, 『小さな地球の大きな世界――プラネタリー・バウンダリーと持続可能な開発』丸善出版.）

第**2**章

途上国と先進国

——経済格差の縮小と拡大——

■キーワード
装置産業、組立産業、自由貿易協定（FTA）、国際収支、資源の呪い、株主資本主義、長期停滞、コーポレート・グローバリゼーション、エレファントカーブ

　第1章では、当初は先進国だけで生じた1人あたり GDP の持続的な向上が、20世紀の後半からは、（一部の）途上国でも始まったことを見た。また、途上国の急速な経済成長と、これに伴う先進国—途上国間の経済格差の縮小は、21世紀の世界を大きく特徴付けるトレンドの1つである。そこで、この第2章では、途上国での経済成長が、なぜこの時代に始まり、どのように進行しているのかを考えよう。また、途上国の追い上げ（キャッチアップ）をうけている先進国では、人々の生活や経済状況がどのように変わっているのかを学ぼう。そして、これらの動きを、地球規模の構図の中でとらえてみよう。

第1節　途上国：キャッチアップする国、しない国

1.1　第4世代工業化の構図と特徴
　世界には、主な途上国地域として、中南米・カリブ（以下、中南米）、東アジア・太平洋（以下、東アジア）、南アジア、サブサハラ・アフリカ（以下、SSA）の4つがある。**表2-1**は、中南米の各年の実質 GDP の大きさを1とした場合の、他地域のそれを表したものである。ここから、①1970年代以降に最も急速に経済成長が進んだのは東アジアである、②中南米や SSA は、東アジアや

表 2-1　各地域の実質 GDP の相対規模

	1970年	1990年	2010年	2015年
中南米・カリブ	1	1	1	1
東アジア・太平洋（＊）	0.29	0.53	1.48	1.88
南アジア	0.20	0.22	0.38	0.47
サブサハラ・アフリカ	0.28	0.22	0.26	0.28

（＊）高所得国を除く
（出所）World Bank, *World Development Indicators*

南アジアと比べて相対的に低成長である、の 2 点を確認できる。

　この東アジアの急速な経済成長について、ここでは次の 4 点に注目したい。それは第 1 に、強い製造業を有していること、第 2 に、時代を特徴付けるリーディング産業（主導産業）への傾斜が著しいこと、第 3 に、海外直接投資（FDI）を積極的に受け入れてきたこと、第 4 に、生産された製品の輸出が活発なこと、である。そしてこれらは相互に関係している。以下で、詳しく見よう。

　第 1 に、経済成長が急速に進む際には、製造業の成長・発展が見られるのが一般的である。表 2-2 は、4 つの途上国地域の GDP の部門別割合の推移であるが、東アジアでは、GDP に占める製造業の割合が高く、しかもそれが長期にわたって続いていることが、他地域と大きく異なる特徴である。

　第 2 に、この製造業の中身に大きな特色がある。製造業には、さまざまな産業があるが、東アジアでは、製造業で生じる付加価値のうち、「電機・電子・精密機器産業」や「輸送機器産業」で生じる付加価値の割合を高めてきた国が多い。たとえば、この 2 産業の付加価値の合計の割合は、韓国では1965年：7 ％→1990年：26％→2010年：47％、台湾では 1975年：18％→1990年：25％→2010年：51％、シンガポールでは1965年：9 ％→1990年：32％→2010年：49 ％と、軒並み 5 割前後になっている。フィリピン、マレーシア、タイでも、1970年代の数％台から、1990～2010年代には1/3を超え、国によっては 4 割近くに達している。そしてこれらの国の大半では、「電機・電子・精密機器産業」の割合のほうが、「輸送機器産業」よりも圧倒的に大きい（ただし、タイでは後

表2-2　GDPに占める製造業と鉱業・建設・ライフラインの割合 (%)

		1970年	1980年	1990年	2000年	2010年
東アジア・太平洋（＊）	製造業	31	38	30	31	30
	鉱業・建設・ライフライン	7	9	10	14	15
中南米・カリブ	製造業	26	27	24	18	16
	鉱業・建設・ライフライン	10	13	14	14	17
南アジア	製造業	15	18	18	17	17
	鉱業・建設・ライフライン	8	10	12	12	14
サブサハラ・アフリカ	製造業	12	15	14	11	10
	鉱業・建設・ライフライン	14	20	20	25	17

（＊）高所得国を除く
（注）ライフライン＝電力・ガス・水道。データの欠損は前後年で代替している。
（出所）UNCTAD, *UNCTADstat*, World Bank, *World Development Indicators*

者が前者に肉薄している。また、中国ではこうした偏りがない）。

　実際に、この２つの産業の割合がこれほど高いという事象は、先進国でも、他地域の途上国でも見られない。たとえば先進５か国では、多くの国の多くの時期で20％台前半であり、製造業の強い日本やドイツでも、1/3には達していない。中南米で工業化が進んでいるのはメキシコとブラジルなのだが、前者で25％に達した程度であり、後者では１割台である（しかも、両国ともに「輸送機器産業」が中心で、「電機・電子・精密機器産業」の割合は低い）。東アジア以外で、「電機・電子・精密機器産業」や「輸送機器産業」、特に前者がこれほど存在感のある地域は、ほかに存在しない。

1.2　電機・電子・精密機器産業の特性

　では、なぜ東アジアでは、「電機・電子・精密機器産業」がこれほど強いのか。その一因は、この産業では生産工程の地理的分割が容易なため立地の自由度が高く、また労働集約的で人件費の高低に競争力が左右されやすい製品が多い、という特性にある。

　これらの特性は、他の産業にはないものである。たとえば、鉄鋼産業では、鉄鉱石・石炭の搬入→高炉での製銑工程→製鋼工程を連続して手がける必要か

ら、これらの工程を同一の場所で進めるのが原則である。また石油化学産業
は、プラスチックや化学繊維などの元になるさまざまな基礎製品を生む産業だ
が、石油の搬入・精製→ナフサの分解→石油化学誘導品の生産という一連の工
程が、パイプラインを流れる形で連続的に進行するので、関連企業が同一の場
所にまとまって立地する必要がある。このように、鉄鋼産業や石油化学産業
は、設備に依存する**装置産業**であり、生産工程の地理的分割は難しい。しかも
設備が巨額なため、低所得の途上国ほど参入しにくい。

　これに対して、電機・電子・精密機器産業は、製品が多くの部品から成る**組
立産業**である。このため、部品の生産場所は分散していてもかまわない。この
特性は、自動車産業にもあてはまるのだが、自動車産業の部品・製品は、電
機・電子・精密機器産業のそれよりも重量があってかさばるので、輸送費がか
さむ。このため自動車産業では、需要の大きな場所やその近隣に組立地が立地
しやすく、部品生産もその近くに集積しがちだ。ところが、電機・電子・精密
機器産業では、こうした立地上の制約が少ない。また、原価に占める人件費の
割合が自動車産業よりも高いことが多いので、人件費の安いところに立地する
必要性が高い。したがって、電機・電子・精密機器産業では、これらの特性ゆ
えに、製品の企画・設計は先進国で行うにしても、部品の生産や製品の組立
は、途上国に立地させることが可能であり、またその必要性も高い。しかも途
上国にとっては、技術的に容易な工程から参入しやすい産業でもある。

　なお、この種の組立産業では、部品や中間財が最終製品になるまでに幾つも
の国境を越えることになりやすい。そして、そのたびに関税がかかると、事業
の妨げになる。そこで、こうした産業の支援のためにも、関税を引き下げる**自
由貿易協定**（FTA）が、多国間で締結されやすくなる（→第4章）。

1.3　国際的結びつき：投資受け入れと製品輸出

　第3に、この産業への参入と発展に大きく貢献したのは、先進国企業による
海外直接投資（FDI）の積極的な受け入れだった。換言すると、途上国にとっ
ては、自国企業を一から興すよりも、まず先進国企業からの投資先として選ば
れることが、この参入の近道であった。そして、このFDIの主な受け入れ先

23

が、東アジアであった。

　ただし途上国にとっては、最初は FDI を受け入れるにしても、これをきっかけに自国企業が発展していくことが望ましい。もちろん最初は、技術的に容易な工程の下請け生産からスタートするにしても、やがては技術力を高めて下請けを脱し、自社で製品の企画・設計まで手掛けたい。韓国や台湾は、1990年代以降に実際にこのように発展してきた。

　第 4 に、東アジアでは電機・電子・精密機器産業の部品・製品の生産が盛んだが、その最終製品の需要は、当該途上国内よりも先進国のほうが大きかった。したがって、この生産活動は最終製品の域外輸出に負うところが大きく、「輸出に主導された工業化」であった。そして、この輸出向けを主体とする製造業の発展をテコにして、当初は輸入頼みだった中間財や資本財（機械、半導体など）についても、徐々に国産化を図るという形で、産業構造の高度化が進んできた。

　なお、「輸出に主導された工業化」と関連して、東アジア諸国では、貿易黒字の規模が、21世紀に入ってから膨張する傾向がある。第 5 章では、上に挙げたような貿易や投資の動きを読み取る方法として、国境を越えるマネーの動向をとらえる**国際収支**について学ぶほか、第 6 章では、マネーを動かす外国為替の仕組みについても学ぶ。これらの章を通じて、地球規模の経済活動をマネーの観点からもとらえる眼を、養ってほしい。

1.4　東アジアの工業化を促した要因は何か

　ところで、先進国企業が途上国への FDI を増やし、東アジアで急速な経済成長が始まったのは、なぜ1950年代でも2000年代でもなく、1970年代だったのだろうか。これには幾つもの要因があるが、ここでは次の 3 点をおさえておこう。

　第 1 は、先進国の経済状況の変化である。先進国では、1970年代に入ると経済成長率は低下した。またこの時期は、自動車や家電製品などの普及が一巡した時期でもあった。そこで企業は、生産工程の一部を人件費の安い途上国に移すことで、競争力を維持しようとした。

　第2に、国境を越える資本移動への規制が、世界的に緩んだことである。か
つては、国が資本移動を制限していることが多く、海外への投資を禁止してい
ることさえあった。また、投資（資本）の受け入れ側でも、外国企業の進出に
よって自国企業が打撃を受けたり、先進国企業に従属することへの恐れから、
投資の受け入れを制限しがちだった。こうした制限が緩和されて資本移動が自
由化され始めた時期は、国や産業によっても異なり、たとえば日本では、1960
年代後半から徐々に自由化が進んだ。資本移動の自由化は、先進国では1990年
代までに基本的には完了したが、途上国ではなお進行中のことが多い。

　第3に、輸送・通信手段の変化も見逃せない。輸送手段の変化としては、
1950年代にコンテナが発明され、これを積むコンテナ船の就航が60年代に増え
始めたことが特に重要だ。コンテナの発明以前には、荷物の輸送手段がトラッ
ク─鉄道─船と変わるたびに、荷物ごとに積み替えが必要で、この積み替え作
業には労力と時間を要した。当然、貿易の輸送コストもかさみがちだった。

　ところが、コンテナが普及すると、輸送手段が変わっても、個々の荷物では
なくコンテナという箱ごと積み替えれば済む（トレーラーにも鉄道にも船にも、
コンテナをそのまま載せられる）。つまり、荷物をいちいち積み替えなくて済むの
で、大量の荷物を低価格・短時間で運べるようになった。コンテナの発明とコ
ンテナ船の大型化により、物流が効率化されたことで、貿易の輸送コストは劇
的に低下し、貿易の量的拡大が可能になった。

　通信手段の変化としては、テレックスやFAXの普及があった。いずれも、
1990年代後半から普及したインターネットと比べると原始的だったが、通信を
より速く安くすることで、国境を越える経済活動に伴うやり取りを容易にし
た。

1.5　東アジアの工業化を支える中南米とアフリカ

　表2-1では、中南米やSSAが、東アジアや南アジアよりも相対的に低成長
だったことを見た。また、表2-2からは、次の2点を確認できる。それは、
①中南米では、かつては高めだった製造業の割合が1990年以降に低下し、いま
や鉱業・建設・ライフラインの割合を下回ったこと、②SSAでは、もともと

弱かった製造業がさらに弱くなった一方で、鉱業・建設・ライフラインの割合が著しく高いこと、である。ただし、建設・ライフラインの割合はどの地域でも大差ないので、中南米やSSAでは、鉱業の存在感が強まっていることになる。そこで、両地域のこうした産業構造の意味を、考えてみよう。

　中南米では、1970年代には財輸出の80％以上を一次産品（＝農産物や、化石燃料を含む鉱産物のこと）が占めていたが、この割合は一定の工業化のおかげで徐々に低下し、2000年には50％を切っていた。だが、この低下傾向は21世紀に入って止まり、以後は一次産品の輸出割合が50％前後で推移している。ちなみに、2017年の中南米の輸出額は、１位：石油（原油）、２位：乗用車、３位：銅、４位：大豆となっている。また、21世紀に入ってから輸出先に大きな変化があり、東アジア、特に中国向け輸出の割合が増えている。

　SSAでは、財輸出に占める一次産品の割合が中南米以上に高く、その大半は鉱物資源である（中でも石油が圧倒的に多い）。このSSAからの鉱物資源の輸出は、東アジア、特に中国の経済成長をうけて、21世紀に入ってから量的に急拡大した。しかもこの時期には資源価格が上昇したので、輸出金額は急増した。この結果、SSAでは主な輸出先が中南米以上に大きく変化し、2012年以降は中国が最大の輸出先となっている（第２位は2013年以降、インド）。

　こうして見ると、東アジアの工業化によって、この地域では一次産品（特に鉱物資源）の需要が急拡大し、それを中南米とSSAが支えている、という構図が浮かび上がる。製造業の弱いSSAで、この従属傾向がとりわけ顕著である。製造業が東アジアを成長させている一方で、中南米とSSAの経済は、一次産品依存を強めているのである。

1.6　資源は恵みよりも呪いをもたらす？

　では、こうした一次産品依存の経済構造を、どう評価すべきだろうか。

　第１に、一次産品価格の不安定性という問題がある。たとえば、工業製品の代表格である自動車で、価格が１年後に1.5倍になったり2/3になったりすることは、まずない。しかし一次産品では、このような急激な価格変動は頻繁に見られる。したがって、一次産品に依存する国では、好不況の波が大きくなりが

ちで、一次産品価格が落ち込むとマイナス成長となることも珍しくない。一国の経済状況も、その国の人々の生活も、不安定なのである。

　第2に、**表2‐1**でもわかるように、一次産品依存の中南米やSSAの経済成長は東アジアに劣っている、という現実がある。途上国地域で経済成長が著しいのは、資源に乏しい東アジアなのである。

　もしも一次産品に依存する国の経済成長が素晴らしく見えることがあるとすれば、それは、①一次産品の中でも輸出額の規模が別格である石油の産出国で、②1人あたりの一次産品輸出額が大きくなる人口小国で、③一次産品価格が上昇している時期、という3つの条件を満たしている場合だけである。中南米やSSA諸国の多くは、こうした条件を満たしていない。もちろん、中南米やSSAが経済成長していないわけではないが、その経済成長は、強い製造業を誇る東アジアと比べると見劣りしているのである（一次産品国が製造業の国よりも不利になるメカニズムについては、第8章第2節で学んでほしい）。

　第3に、一次産品の中でも鉱物資源に依存している国では、経済的にも政治的にも特有の歪みが生じやすい。まず、鉱業では高額な大型機械が主役であって、労働力はごく少数で済む。つまり、資本集約型産業であり、雇用があまり生まれない（中南米やSSAでさえ、鉱業で働く人は雇用全体の1％程度である）。このため、採掘から生じる富が、多数の労働者に行き渡ることはなく、ごく少数の関係者だけに集中しやすい。したがって、鉱物資源に依存する国では、所得の不平等が大きくなりやすい。また、鉱物資源の輸出が増えると自国通貨高になるので、製造業は安い輸入品に淘汰されて発展しにくくなる。このため鉱物資源による収益は、輸入品との競争にさらされやすい製造業よりも、競争にさらされにくいサービス業に投資されがちとなる。かくして、東アジアのような工業化からは、ますます遠のくのである。

　さらに、鉱物資源からの収入が増えて好況になると、歳入が増加するが、その増加分以上に歳出が増加しやすい（政府が国民に気に入られようと支出を増やすことが、この一因である）。そこで、外国からの借入を増やすものの、鉱物資源価格が下落すると歳入が減少し、借入の返済に窮してしまうケースが少なくない。実際に、鉱物資源に依存する国では、政府が対外債務に苦しみ、人々は歳

出削減の影響で生活が悪化するという悪弊が、あちこちで繰り返されてきている。

　なお、ここでは経済的な歪みとして、雇用の少なさ、所得不平等、財政・債務の3つを取り上げたが、これらに限られるものではない。また、政治的にも歪みが生じるといわれている。そこで、こうした政治的・経済的な歪みは、**資源の呪い**と総称されている。

　資源に乏しい日本では、これを豊富に有する国をうらやむ傾向がある。だが実際には、こうした国は政治的・経済的困難を抱えやすいということを、おさえておきたい。

第2節　先進国：格差拡大と長期停滞という苦悩

　前節では、20世紀の第4四半期以降における途上国の先進国へのキャッチアップについて、これが主に東アジアにおいて、先進国企業によるFDIや先進国への輸出など、先進国との関わりによって進んできたことを見た。また、先進国企業による途上国へのFDIが、先進国の経済状況の変化とも関わっていることを学んだ。

　では、途上国に追い上げられている先進国は、どのような状況にあるのだろうか。この時期以降に、先進国に共通する大きな経済変動として注目すべきは、経済格差の拡大と、経済成長率の低下である。以下、前者を2.1～2.4で、後者を2.5～2.6で見ていこう。

2.1　経済格差の拡大

　図2-1は、欧米での上位10％層の所得が総所得に占める割合の推移である。この割合は、アメリカでは1970年以降に、ヨーロッパでも1980年以降に上昇しており、特にアメリカでの上昇が著しい。ただし、英米では上位1％層の割合の上昇も著しいが、大陸ヨーロッパでは上位1％層の割合はあまり上昇していないなど、国によっても格差拡大の実態は異なる。

　また、企業の最高経営責任者（CEO）の年収と、その企業の従業員の平均年

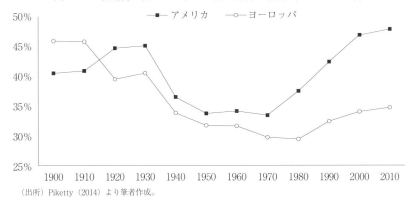

図 2 - 1　総所得に占める上位10％層の所得の割合（1900～2010年）

（出所）Piketty（2014）より筆者作成。

収との差も拡大している。たとえば、アメリカの上場企業350社の CEO の年収と、その企業の従業員の平均年収との差は、1965年：20倍→1989年：58倍→2000年：344倍とべらぼうに拡大し、2017年でも312倍と大きいままである。イギリスでも、上場企業100社の CEO の年収と従業員の平均年収との差は、2017年に145倍となっている。

　このように経済格差が拡大しているのは、なぜか。それは、一般的な人々の間ではいまや賃金の伸び悩みが目立つ一方で、企業の経営者・役員などの経済的上位層の収入は激増しているからである。では、なぜこうした対照的な事態が生じているのだろうか。以下では、まず2.2～2.3で一般的な人々の賃金の伸び悩みについて、次いで2.4で経済的上位層の収入増について掘り下げてみよう。

2.2　伸び悩む賃金

　図 2 - 2 は、先進36か国の平均実質賃金と従業者１人あたり労働生産性の変化である。先進国では平均して、実質賃金が、労働生産性ほどは伸びていないことがわかる。

　ここで、実質賃金とは、物価の変動を加味した賃金のことで、賃金による実際の購買力をあらわす指標である。また従業者１人あたり労働生産性とは、一

29

図2‐2　先進36か国の平均実質賃金と従業者1人あたり労働生産性の変化

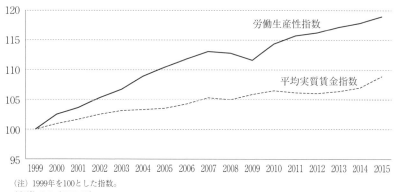

（注）1999年を100とした指数。
（出所）ILO（2016：15）

　国の付加価値の合計であるGDPを、それを生み出した従業者数で割って得られる値であるから、従業者1人あたりの付加価値が増えると、労働生産性が伸びることになる。

　つまり、従業者1人あたり労働生産性が伸びたということは、従業者が以前よりも1人あたりで多くの付加価値を生んだということであり、これに貢献した従業者は、実質賃金の伸びという形で報いられることが望ましい。実際に1950〜70年代には、両者は並行して伸びていた。ところが、図2‐2にあるように、先進国では、実質賃金の伸びが従業者1人あたり労働生産性の伸びを下回る状態が続いている。これは、経済成長はしているが、労働者の実質賃金はそれに見合うようには伸びていない、ということを意味している。こうした事態は、アメリカ、ドイツ、日本などでは、1980年代初頭から生じている。

　なお、この実質賃金の伸びは平均値であって、中には実質賃金が低下している人々もいる。特にアメリカでは、こうした人々が増えており、健康・社会上の問題まで引き起こされている（→第9章）。日本では、実質賃金は1997年をピークに低下しており、身近なところでは大学生への仕送り額の減少要因にもなっている。

　それにしても、伸びている付加価値が、労働者に十分に還元されていないのなら、それはいったいどこに（誰に）向かっているのだろうか。

2.3　労働分配率の低下の意味とその要因

　企業が生み出した付加価値は、次の①〜⑤のどれかに分配される。すなわち、①人件費（従業者へ）、②税（政府や自治体へ）、③支払利息等（金融機関等へ）、④動産・不動産の賃借料（土地所有者等へ）、⑤純利益（企業内に蓄積されるか、配当として株主へ）である。また、付加価値のうち①に分配される割合を、労働分配率と呼ぶ。

　さて表2-3は、1960〜2015年の先進7か国の労働分配率（年平均）の推移だが、1980年代以降に低下傾向にあることがわかる。ということは、②〜⑤の合計割合が増加していることになる。ただし、先進国では、企業に課される税率も金利水準も低下傾向にあるから、②や③の割合が増えているとは、考えにくい。となると、残るは④と⑤だが、特に⑤の割合の増加が大きいと考えられている。

　つまり、労働分配率の低下とは、生み出された付加価値が労働者にはあまり支払われずに、企業内に貯めこまれたり、株主（資本家）への配当に分配される傾向が強まっている、ということを意味している。ちなみに、株主への配当が増えると、その株式に人気が出てこれを買おうとする投資家が増えることで株価は上昇するから、その株主には、配当増だけでなく、株価の値上がりというメリットも生じる。

　では、なぜ労働分配率は低下しているのか。これは、今まさに追究がなされ

表2-3　先進7か国の労働分配率

(年平均、%)

	1960-1969	1970-1979	1980-1989	1990-1999	2000-2009	2010-2015
カナダ	61.4	59.7	58.3	58.5	55.3	55.5
フランス	62.9	63.9	62.6	57.0	56.0	57.9
ドイツ	―	―	―	59.1	56.5	56.2
イタリア	62.5	64.0	61.2	55.3	52.1	53.5
日本	―	―	69.1	64.5	59.6	58.4
イギリス	63.8	61.6	56.4	54.7	57.9	58.9
アメリカ	62.0	61.9	61.0	60.4	59.6	57.0

(出所) ILO, *ILOSTAT*

ているテーマであり、明確な結論は出ていない。ただし、これまでに指摘された要因としては、第1に、資本による労働の代替（技術革新のおかげで価格が相対的に低下している機械を増やすことで、労働を減らしていくこと）、第2に、労働組合の弱体化や株主重視の企業経営といった制度的変化、第3に、労働分配率の低い企業による寡占化、などがある。

2.4　格差を広げる株主資本主義

　ここで、企業の経営者・役員などの経済的上位層の収入増に目を転じよう。経済的上位層の収入増の大きな要因としては、第1に、彼らに有利な形での税制の変更（所得、配当、株式売却益などにかかる税率の低下）、第2に、ストック・オプションの普及、がある。

　ストック・オプションとは、経営者・役員などが、将来に自社株を事前に決められた価格で購入できる権利のことで、企業が与える報酬の一部である。この権利を与えられた人は、将来の自社株の購入価格と、その時点での実際の株価との差が大きいほど、巨額の売却利益（差益）を得られる。このため、ストック・オプションを付与された経営者・役員などは、自社の株価を高めようという気になる。では、どうすれば株価を高められるだろうか。1つは、労働者への賃金を抑えることなく企業を成長させることで、利益と株主への配当を増やすという道であり、もう1つは、労働者への賃金を抑えることで、利益と株主への配当を増やすという道だ。理想的なのは前者だが、現実には後者がしばしば横行した。

　このように、ストック・オプションによって自社株を安く手に入れることができ、その株式への配当が以前よりも増えていて、しかもその配当にかかる税率が下がっていて、最終的にこの株式を高値で売却してもその利益にあまり税金がかからないようになっていれば、どうなるか。当然、ストック・オプションを付与された人の収入は、うなぎ上りに増えていく。だが、その背後には、労働者の受難がある。

　以上からわかるように、先進国での経済格差の拡大の要因としては、労働者に支払う賃金を抑えつつ、株主への配当増と株価の上昇を促すように変化して

きた企業経営に、目を向ける必要がある。このように、配当増と株価上昇で株
主の利益を最大化しようとする企業経営を特徴とする資本主義は、**株主資本主
義**と呼ばれる。この株主資本主義を、早くから徹底して進めてきたのが、英米
だった。2.1で見たように、両国の経済格差が他国よりも大きいのは、こうし
た理由によると考えられている。

2.5　長期停滞（セキュラー・スタグネーション）

　次に、先進国に共通する経済成長率の低下について、見ていこう。

　先進国の経済成長率は、20世紀後半以降、低下傾向にある（**表2-4**）。中で
も日本は、1950〜90年には、主要先進国で最も高い成長率を誇っていたが、逆
に1990年代以降は大きく低迷した。独仏伊の大陸ヨーロッパも、1970年代以降
は、成長率で英米に逆転されてしまった。

　他方で英米は、1990年代以降も成長率がさほど低下せず、日本や大陸ヨー
ロッパにとっては羨望の的となった。そして英米は、早くから株主資本主義に
舵を切っていた。このため日本や大陸ヨーロッパでは、「英米の高い成長率の
カギは株主重視の企業経営にある」と見て、株主資本主義で先行した英米の企
業経営を真似するようになった。

　だが、2008年の世界金融危機以降は、英米でさえ経済成長率が大きく低下し
た。このため、「先進国は、経済成長率の低い状態が長期にわたって続く**長期
停滞**に入ったのではないか」と考えられるようになってきた。もっとも、長期
停滞の始まった時期については、1970年代以降とする見方と、2008年の世界金

表2-4　日本、独仏伊、英米の実質経済成長率

（購買力平価ベース、年平均、％）

	1950-1970	1970-1990	1990-2007	2007-2015
日本	12.7	4.5	1.5	0.4
独仏伊	7.7	2.6	1.8	0.1
英米	5.5	3.2	3.0	1.5

（出所）Angus Maddison, *Statistics on World Population, GDP and Per Capita GDP, 1-2008 AD*, Jutta Bolt et al., *Rebasing 'Maddison': New Income Comparisons and the Shape of Long-run Economic Development*

融危機以降とする見方に分かれている。

　また、長期停滞の原因についてもさまざまな見方があるが、経済格差の拡大による消費需要の低迷もその 1 つとされている。なぜ、格差が拡大すると消費需要が低迷するのか。それは、高所得者層ほど所得を消費よりも貯蓄に回す割合が高く、低所得者層ほど貯蓄よりも消費に回す割合が高いので、格差拡大で低所得者層の賃金が伸び悩むと、全体としては消費が低迷しやすくなるからである。

2.6　長期停滞を脱する政策転換とは

　となると、低・中所得者層の所得を伸ばすことは、格差の是正のみならず、長期停滞を脱する上でも有効だ、ということになる。具体的には、株主重視の企業経営によって悪化した労働分配率の改善や、経済的上位層が有利になる税制によって悪化した所得再分配の改善など、人々の所得を引き上げる政策に転換していく必要がある。

　とはいえ、こうした政策転換は、経済的上位層には受け入れられにくい。なぜなら、彼らが多額の所得や資産を得ることが、難しくなるからである。

　したがって、長期停滞の下では、政策転換を求める一般の人々と、そうはさせまいとする経済的上位層との間で、対立が深まる。英米のように格差の大きい国ほど、こうした対立は深まりやすい。だからこそ、格差の大きい国では、政策転換を求める人々は、現状を大胆に変えてくれそうな政治家や政策になびきやすい。こう考えれば、アメリカで「中国との貿易のせいで、製造業が衰退したから、中国からの輸入品に関税を掛ける」と唱える大統領が誕生したのも、イギリスで「人々の職が奪われているのは、移民が大量に入って来られる EU の政策のせいだ」とする政治家が主導して EU からの離脱が決まったのも、当然のことかもしれない。

　だが、関税の引き上げや移民の阻止といった政策転換で、人々の所得が底上げされていくとは、予想しづらい。というのも、貿易や移民は、賃金低下の一因ではあっても主要因だとまでは、いいにくいからである。

　ただし、貿易や移民が賃金低下の主要因ではないことを理解したとしても、

経済格差の拡大や実質賃金の伸び悩みといった課題が解決するわけでもない。
したがって、貿易や移民が賃金低下の主要因ではないことを確認した上で、次
に考えるべきは、「なぜ、経済的上位層に有利な政策からの転換は、なかなか
進まないのか」という問題であろう。そこにあるのは、「少数の経済的上位層
は、政治献金やメディアの支配などを通じて、自らに都合の良い政策が進むよ
うに促す力を強めている一方で、多数の一般の人々にはそうした力がないため
に、いまや政治や政策が、一般の人々よりも経済的上位層に奉仕する傾向を強
めている」という、民主制の根幹を揺るがせている問題である（→第 9 章第 3
節 3.2 と 3.7）。

第 3 節　異なる境遇とエレファントカーブ

　総じていえば、先進国では、1970 年代以降、税制の変更やストック・オプ
ションの導入といった回路を通じて、経営者や株主などの経済的上位層が徐々
に優遇され、逆に一般的な人々は冷遇されるようになってきた。これは、この
時期から経済成長率が低下して失業率が上がった一方で、途上国の台頭が始
まって国際競争が激化したことで、先進国の労働者の政治力や発言力が低下し
たことが大きい。

　逆に、政治力や発言力を強めた経済的上位層は、経済成長を促すとの触れ込
みで、経済活動の自由化を求め、これを政策として実現させてきた。経済のグ
ローバリゼーション――貿易の自由化や途上国での外資規制の緩和、あるいは
国境を越えた資本移動の自由化など――の進行は、こうした背景を抜きにして
理解すべきではない。

　では、こうした自由化は、何をどう変えたのだろうか。まず、（一部の）途上
国の経済成長が促され、そこに住む人々の生活は向上した。また、途上国の経
済成長によって先進国企業も大きな利益を得ている。ただし、その利益は経済
的上位層には多く回っているが、労働者には十分には回っていない。また、途
上国では、投資をしてくれる先進国企業の意向に左右されやすくなり、政策の
幅が狭まっている面もある（→第 7 章・第 8 章）。さらに、以前よりも通貨危機

図2-3　グローバルな所得水準で見た1人あたり実質所得の伸び率（1988～2008年）

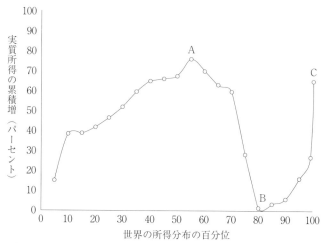

（出所）Milanovic（2016＝2017：13）

や金融危機が頻発するなど、経済の不安定化も見られる。そして、この経済の不安定化で生活が困窮するといったダメージを受けるのは、一般の人々であって、経済的上位層ではない。

　このように、経済のグローバリゼーションは、企業経営者や株主などの経済的上位層によって促され、また彼らが最大のメリットを得られているという意味で、**コーポレート・グローバリゼーション**という側面をもっている。

　最後に、**図2-3**を見ておきたい。

　これは、1988～2008年の世界の世帯1人あたりの所得の伸び率を、所得水準ごとに示したものである（横軸の「世界の所得水準の百分位」において、左端は所得の最下位層を、右端は所得の最上位層を示している）。所得がもっとも伸びた点Aの近辺（世界の所得分布で中位の層）は、経済成長の著しい東アジアの途上国の人々が中心である。また、点Bの近辺は、先進国の低・中所得者層であり、点Cは先進国を中心とする超富裕層である。そして、点Bと点Cの所得の伸びの不均衡こそが、先進国での経済格差の拡大に他ならない。この図の曲線は、その形から、**エレファントカーブ**（象のカーブ）と呼ばれている。

　途上国のキャッチアップによって、世界の国家間の経済格差は縮小している。ただし先進国では、長期停滞の中で一般の人々が冷遇され、経済格差が拡大するという、愉快ではない時代を、人々は生きているのである。

参考文献

ILO, 2016, *Global Wage Report 2016/17: Wage Inequality in the Workplace*, Geneva: ILO.

Milanovic, Branko, 2016, *Global Inequality: A New Approach for the Age of Globalization*, Cambridge: Belknap Press of Harvard University Press.（立木勝訳，2017，『大不平等——エレファントカーブが予測する未来』みすず書房.）

Piketty, Thomas, 2014, "Capital in the 21st Century: The Set of Spreadsheet Files (xls)," (Retrieved April 2, 2018, http://piketty.pse.ens.fr/en/capital21c2).

第 **II** 部

国境を越える経済活動を学ぶ

第**3**章

国際貿易・投資の実態と貿易の基礎理論

——国境を越える経済取引をとらえる——

■キーワード

産業間貿易、産業内貿易、企業内貿易、海外直接投資（FDI）、国際生産ネットワーク、比較優位、絶対的生産力格差、交易条件、ヘクシャー＝オリーン・モデル、連結財

　この章では、財・サービスの国境を越える取引（主に貿易）に関して、その実態と基礎理論を学ぶ。第１節では、貿易をとらえるさまざまな概念を把握しながら、貿易の実態に関するデータを見る。第２節では、貿易以外に投資も含めた企業活動の広がりをおさえつつ、企業が財・サービスを国外で提供する現代的な仕組みに接近する。第３節では、貿易の基礎理論を取り上げ、貿易の原因と利益、および自由貿易の正当性などを考えよう。

第1節　貿易をつかむ

1.1　日本の貿易の変化

　皆さんの服には、「Made in ○○」と記されていないだろうか。その○○は、どこか外国の国名ではなかろうか。

　日本の衣類の流通量のうち輸入品の割合（輸入浸透率）は、1991年：51.8%→2017年：97.6%と変化してきた。つまり、日本では、1990年頃にはまだ衣類の約半分が日本産だったのであり、衣類の大半が外国産になったのはこれ以降のことだといえる。では、かつての日本産の衣類は、純粋な国産品だったのだ

ろうか。

　日本の1960年の財貿易は輸出1.5兆円、輸入1.6兆円で、2017年にはそれぞれ78.3兆円、75.4兆円と大きく増えた。だが、貿易品目の変化が、より重要である。1960年の主な輸出品は、繊維品30.2％、機械類12.2％、鉄鋼9.6％、船舶7.1％、魚介類4.3％であり、輸入品は、繊維原料（綿花や羊毛など）17.6％、原油10.4％、機械類7.0％、鉄くず5.1％、鉄鉱石4.8％と続いていた。つまり、かつての日本は、繊維原料や鉄くず・鉄鉱石といった原材料とエネルギー（原油）を多く輸入し、これらをもとに生産した繊維品や鉄鋼・船舶の輸出が多かった（よって、上の問いの答は、「No」である）。この当時は、日本からアメリカへの衣類の輸出をめぐる貿易摩擦さえあった。

　他方、2017年には、主な輸出品は、機械類37.5％、自動車15.1％、自動車部品5.0％、鉄鋼4.2％、精密機械3.2％であり、輸入品は、機械類25.6％、原油9.5％、天然ガス5.2％、衣類4.1％、医薬品3.5％となっている。輸出入とも機械類が圧倒的な1位であり、輸出では自動車関連が、輸入ではエネルギー（原油・天然ガス）も目立つ。1960年と比較すると、繊維原料の輸入と繊維品の輸出は失われた一方で、より高度な技術を要する製品の輸出入が多く行われているといえる。このように、一国の輸出入の品目は、その国の経済水準や社会的ニーズ（必要）とも関係しつつ、時代により変化していく。

1.2　貿易の区分と実態

　貿易の実態を理解するために、その区分とデータを見よう。経済活動で取引される商品が財とサービスに大別されるように、貿易も、財貿易とサービス貿易に大別できる。

①　財貿易

　財貿易の区分として、ここでは2つを取り上げる。

　まず、産業別に分けることができる。すなわち、財は、食料や燃料などの「素材」（農産物、鉱産物）と、医薬品や自動車などの「工業製品」におおむね分けられる。世界の財貿易（輸出額）のうち、1955年には素材54％（農産物35％、鉱産物19％）、工業製品45％だったが、1980年には素材42.2％（14.7％、27.5

％）、工業製品53.6％となり、2017年には素材24.6％（9.8％、14.9％）、工業製品68.6％となっている。工業製品の割合が2/3を超えたのは1986年であり、以後も7割前後で推移している。なお2017年の工業製品貿易の内訳は、鉄鋼製品2.3％、化学製品11.2％、その他半製品6.3％、機械・輸送機械35.3％（事務・通信機器10.5％、輸送機械12.2％、その他の機械12.5％）、繊維1.7％、衣類2.7％、その他の製品9.1％である。

　次に、用途別として、①素材、②中間財（加工品、部品）、③最終財（資本財、消費財）と分けることもできる。①は食料や原油などで、③は完成品である（資本財とは企業が生産活動で用いる財であり、消費財とは家計が用いる財である）。2017年の世界の財貿易では、素材が1.8兆ドルで11.8％、中間財が7.6兆ドルで48.7％（加工品30.7％、部品17.9％）、最終財が6.2兆ドルで39.6％（資本財16.1％、消費財23.5％）であった。つまり、最終財よりも中間財のほうが大きく、これはデータのある1980年以降で、ほぼ一貫した傾向である。

　世界の財貿易の順位と金額を見よう（2017年）。輸出は、1位中国（2兆2630億ドル）、2位アメリカ（1兆5470億ドル）、3位ドイツ（1兆4480億ドル）、4位日本（6980億ドル）、5位オランダ（6520億ドル）である。輸入は、1位アメリカ（2兆4100億ドル）、2位中国（1兆8420億ドル）、3位ドイツ（1兆1670億ドル）、4位日本（6720億ドル）、5位イギリス（6440億ドル）である。輸出額から輸入額を引くと貿易収支（→第5章）となり、中国、ドイツ、日本は貿易黒字の一方で、アメリカは巨額の貿易赤字だとわかる。

②　サービス貿易

　サービス貿易とは、何だろうか。たとえば、日本人がタイに旅行し、現地のホテルに泊まって代金を支払うと、この宿泊料はタイから日本へのサービス輸出となる。サービス貿易の種類としては、委託加工、維持修理、輸送、旅行、その他（建設、保険・年金、金融、知的所有権使用料等、通信・コンピューター・情報、専門業務、個人・文化・娯楽、政府関連）がある。

　世界のサービス貿易の順位と金額を見よう（2017年）。輸出は、1位アメリカ（7620億ドル）、2位イギリス（3470億ドル）、3位ドイツ（3000億ドル）、4位フランス（2480億ドル）、5位中国（2260億ドル）である。輸入は、1位アメリカ

（5160億ドル）、2位中国（4640億ドル）、3位ドイツ（3220億ドル）、4位フランス（2400億ドル）、5位オランダ（2110億ドル）と続く。

　サービス経済は、主に先進国で発展してきたので、財貿易の輸出で世界1位の中国も、サービス貿易の輸出では5位にとどまる。他方、イギリスは、財貿易の輸出では上位5位圏外だが、サービス貿易の輸出では2位である。これは、同国が金融サービスに強みをもつためである。また、財貿易で黒字の中国が、サービス貿易では赤字なのも興味深い。中国のサービス貿易赤字の主因は、中国人の海外渡航の活発化である。

1.3　経済活動の単位から見た貿易

　財やサービスを生産するのは、企業である。この企業は、産業というグループにまとめられる。そして、多様な産業が、一国の経済活動を成り立たせている。この産業や企業という単位を用いると、貿易は以下のようにとらえられる。

　第1の形態は、**産業間貿易**であり、たとえば、衣類と半導体のように、異なる産業の財を相互に輸出するものである。これは、発展段階の異なる国家間でよく見られる貿易パターンであり、後述する比較優位の原理（第3節参照）によって規定されるものである。

　第2の形態は、**産業内貿易**である。これは、同一産業の財（特に工業製品）を相互に輸出するもので、自動車や機械などで顕著である。また、産業内貿易には、財の質が同じ水平的産業内貿易と、財の質が異なる垂直的産業内貿易がある。たとえば、ドイツとフランスの間では、価格が同程度（財の質が同じとみなせる）の自動車が相互に大量に輸出されており、これは水平的産業内貿易である。

　なぜ、このような貿易が生じるのだろうか。質が同じ自動車でも、ブランドによってデザインや走りの特性などは異なり、消費者の好みも先進国ほど多様である。とはいえ、各国のメーカーがこれらの異なる自動車をすべて国内生産しようとすると、一車種ごとの生産量は少なくなり、非効率となる。そこで、各国のメーカーは、質が同じながら多様な自動車のうち、幾つかの車種に特化

すれば効率的に生産できるし、それらが相互に輸出されれば消費者の多様な需要も満たされる。つまり、水平的産業内貿易は、消費者の需要に対応する製品差別化と、生産規模の拡大で効率性を追求する規模の経済という要因から生じるのであり、欧州のような先進国同士で盛んとなる。

　第3の形態は、**企業内貿易**であり、親会社と海外子会社、海外子会社同士など、同一の企業グループ内での貿易を指す。2010年時点の推計では、世界の財・サービス貿易の約1/3が企業内貿易であり、また約8割が多国籍企業（第2節参照）関連による、という。

第2節　貿易の拡大と多国籍企業

2.1　貿易の歴史的変遷

　第二次世界大戦後から今日までの、貿易の変化を見よう。

　表3-1が示すように、2017年の世界の輸出額は、財貿易17.73兆ドル、サービス貿易5.77兆ドルで、計23.5兆ドルである。地域別の割合としては、財貿易では、アジア（特に中国）の割合の増加傾向が目立つが、サービス貿易では、北米・ヨーロッパの割合が依然として高い。なお、財・サービス貿易が世界のGDPに占める割合は、1990年の18.6％から上昇し、2013年に31.2％のピークに達したあと低下し、2017年には29.2％となっている。

　第二次世界大戦後の世界の貿易額は、一時的には停滞・減少もあったが、**表3-1**からわかるように、長期的には大きく拡大してきた。この拡大の最大の要因は世界の経済成長だが、貿易に関わる技術的要因や制度的要因の変化もある。技術的要因としては、たとえば、技術進歩による輸送コストの低下がある。大型船やコンテナ船の普及により、商品を安く輸送できるようになった（→第2章）。また、情報通信技術（ICT）の普及は、財貿易のほかサービス貿易も拡大させた。他方、制度的要因とは、輸入品に課される関税や、輸入量に上限を定める輸入数量制限など、貿易を阻害する要因が緩和・撤廃されることである。この要因は、世界貿易機関（WTO）などの国際貿易ルールによって変化する（→第4章）。

表 3 - 1　世界の財・サービス貿易（輸出額）とその地域別割合

（輸出額：100億ドル、輸出割合：%）

		財貿易					サービス貿易		
		1950年	1980年	1995年	2010年	2017年	1995年	2010年	2017年
世界（輸出額）		6	204	517	1,530	1,773	119	433	577
世界（輸出割合）		100.0	100.0	100.0	100.0	100.0	99.6	100.0	100.0
北米		22.3	15.3	16.6	12.8	13.4	19.6	16.3	16.1
ヨーロッパ		37.7	44.1	45.2	36.9	36.7	49.9	49.1	47.9
アジア		16.3	15.9	28.0	33.2	36.0	22.1	24.5	25.5
	中国	0.9	0.9	2.9	10.3	12.8	1.5	4.6	4.6
	日本	1.3	6.4	8.6	5.0	3.9	5.4	3.2	3.2
	東アジア6	4.9	4.7	12.8	12.3	12.8	10.7	9.5	9.8
その他		23.7	24.8	10.2	17.1	13.9	8.0	10.1	10.5

（注）東アジア6は、韓国、台湾、香港、シンガポール、マレーシア、タイ。
（出所）WTO, *WTO Data portal*, *International Trade Statistics*, *World Trade Statistical Review*

2.2　貿易・海外生産と多国籍企業

　貿易とは、企業にとって、自社の財・サービスを国外の顧客に供給する方法の1つでしかない。たとえば、日本企業がアメリカで自社製品を販売するケースでいうと、日本で生産した製品をアメリカへ輸出する方法（貿易）のほかに、アメリカで海外生産する方法もある。また、この2つの組み合わせ、つまりメキシコで海外生産し、そこからアメリカに輸出するような方法もある。

　では、企業が貿易と海外生産を使い分ける判断基準は、何だろうか。これについては、①輸送費や関税といった貿易コストや、賃金や電気代といった生産コスト、②海外で優秀な人材を確保できるかどうか、③国により異なる顧客ニーズを現地で把握し、それに基づいて生産する必要性の程度、などが挙げられる。

　企業にとって、海外生産の役割は高まっている。たとえば、日本の製造業の海外生産比率は、国内全法人ベースで、1998年度：13.1%→2008年度：17.0%→2017年度：25.4%となっており、海外進出企業に限れば、32.2%→30.4%→38.7%となっている。

　ところで、2017年度の日本企業の海外売上高は、製造業138兆円に対して非製造業150兆円と、実は後者のほうが大きく（そのメインは商社などの卸売業）、企業の海外進出とは、製造業に限られるものではないことがわかる。このように、海外でも事業を行う企業は、多国籍企業と呼ばれる。

　より厳密にいえば、多国籍企業とは、「事業資産や所得を生む資産を2か国以上で支配している企業」ととらえられることが多い。また、企業が事業資産を海外にもつとは、海外に投資するということである。こうした投資を**海外直接投資（FDI）**といい、2つに大別できる。1つは、海外企業と合併したり、それを買収して子会社化する方法で、M&A（合併・買収）と総称される。もう1つは、海外に子会社を新規に設立する方法で、グリーンフィールド投資と呼ばれる。

2.3　貿易と投資の現在：国際生産ネットワーク

　表3-2は、東南アジア諸国連合（ASEAN）＋3、欧州連合（EU）、北米自由貿易協定（NAFTA）の中間財の貿易額と、その貿易額全体に占める割合を示したものである。次のことをおさえたい。

　第1に、ASEANの域内貿易では、中間財の割合が68％と高い。第2に、ASEAN・日・中・韓の4か国・地域の間の貿易でも、中間財貿易の割合はおおむね6〜8割台と高い。第3に、これらと対照的に、EUやNAFTAの域内貿易ではこの割合は約5割と、世界平均（48.7％）にほぼ等しい。第4に、ASEANや中国からEUやNAFTAへの輸出では、中間財は40％以下と低く、これは換言すれば、最終財の割合が高いことを意味している。

　ASEAN＋3の4か国・地域の間で中間財貿易の割合が高いのは、この地域での**国際生産ネットワーク**の発展によるところが大きい。国際生産ネットワークとは、部品などの中間財が、複数の国で分散的に生産され、それらが輸出入によって多国間を行き交いつつ、やがて最終財になるという、生産工程の国際的な分散と統合を表す概念であり、組立産業である機械産業との親和性の高い生産様式である（→第2章）。**表3-2**からは、主にASEAN＋3内で生産された中間財をもとに、ASEANや中国で組み立てられた最終財が、EUや

表 3‑2　ASEAN＋3、EU、NAFTA の中間財貿易（2017年）

（金額：億ドル）

			輸　　　入					
			ASEAN＋3				EU	NAFTA
			ASEAN	日本	中国	韓国		
輸出	ASEAN＋3	ASEAN 金額	1,405	473	1,340	240	652	783
		割合	68%	50%	67%	52%	40%	40%
		日本 金額	529		991	341	466	749
		割合	71%		65%	72%	52%	46%
		中国 金額	1,126	544		554	1,409	1,940
		割合	64%	37%		61%	34%	33%
		韓国 金額	641	193	1,365		340	488
		割合	79%	74%	83%		57%	54%
	EU	金額	496	284	1,075	218	15,863	2,398
		割合	56%	37%	45%	42%	50%	47%
	NAFTA	金額	546	376	812	249	2,018	4,741
		割合	66%	44%	45%	46%	52%	47%

（注）網掛けは、中間財貿易の割合が60％以上（世界平均は48.7％）。
（出所）RIETI, *RIETI-TID2017*

NAFTA という巨大市場に輸出されるという、国際生産ネットワークの実態がうかがえる。

　アップル社の製品は、国際生産ネットワークがフル活用されている典型例である。同社の iPhoneX（64GB）は、韓国企業が画面を、アメリカ企業がチップセットを、日本企業が無線 LAN と Bluetooth モジュールを供給し、台湾企業が中国の工場で組み立て、そこから世界に輸出されている。アップル社は、自社製品に部材や組立サービスなどを供給している企業（サプライヤー）のリストを公表しており、これによると、同社のサプライヤーの拠点数は、2018年度末時点で、中国380、日本128、米国65、台湾55、韓国41などとなっている。

　ここで注意すべきは、サプライヤーの拠点国と、その企業の国籍は、必ずしも同じではないことである。実際に、たとえば中国の380拠点には、日韓台な

どの外国企業が中国に FDI を行って設置した子会社も、多く含まれている。つまり国際生産ネットワークとは、多国籍企業による貿易と投資が多角的に結び付くことで、形成されているのである。

第3節　国際貿易の基礎理論：比較優位の原理

3.1　比較優位の原理の原型と変型

　次に、国際貿易の基礎理論である**比較優位**の原理を説明しよう。その原型は D・リカードウ『経済学および課税の原理』（1817年）で提示されたが、通常、教科書で解説されるのは J・S・ミルによって変型されたモデルである。本節では、ミルによって変型された比較優位の原理を、リカードウ＝ミル・モデルとして示し、それでは尽くせない問題をリカードウの貿易論として論じる。

3.2　リカードウ＝ミル・モデル

　①　前　提

　貿易を単純な形で考察するために、以下の前提を置く。

　(1)ポルトガルとイギリスが労働を生産要素として、ワインと服地を生産する。

　(2)各国で各財を 1 単位生産するのに必要な労働量（単位必要労働量）は生産量にかかわらず一定である。

　(3)国内では労働は産業間を自由に移動するのに対し、国際間では商品は自由に移動するが労働は移動しない。

　(4)労働は完全雇用される。

　(5)輸送費は存在しない。

　表3-3の数値例を用いて、比較優位の概念を 2 つの観点から説明しよう。

　②　労働生産性の国際比較

　単位必要労働量を a とすると、$\frac{1}{a}$ は労働生産性で、1 労働あたりの生産量を表す。ワインの労働生産性は、ポルトガルでは $\frac{1}{80}$、イギリスでは $\frac{1}{120}$ で、ポルトガルの方が高い。服地の労働生産性もポルトガルでは $\frac{1}{90}$、イギリスで

表3-3　イギリスとポルトガルの生産条件

国	ワインの単位必要労働量	服地の単位必要労働量	国内相対価値	労働賦存量
ポルトガル	80（a_1）	90（a_2）	0.89	7200
イギリス	120（a'_1）	100（a'_2）	1.2	9000

（注）国内相対価値は、ワイン1単位と交換される服地の量を表す。

は $\frac{1}{100}$ で、ポルトガルの方が高い。両財の生産においてポルトガルは優れ、イ
ギリスは劣っている。しかし、このことからポルトガルが両財を輸出し、イギ
リスは輸出財をもたないということにはならない。

　ワインと服地の生産における、ポルトガルのイギリスに対する優位度を求め
よう。イギリスのワインの労働生産性を基準（1）にすると、ポルトガルのワ
インの相対労働生産性は $\frac{1/80}{1/120}$ ＝1.5である。つまり、ポルトガルはワイン生
産において、イギリスに対して50％（1.5-1）優れている。イギリスの服地の
労働生産性を基準（1）にした、ポルトガルの服地の相対労働生産性は $\frac{1/90}{1/100}$
＝1.11である。つまり、ポルトガルは服地生産において、イギリスに対して
11％（1.11-1）優れている。ポルトガルは両財の生産においてイギリスに対し
て優位にあるが、服地と比較するとワイン生産において、イギリスに対する優
位度が大きい。このとき、ポルトガルはワインに比較優位をもつという。逆
に、ポルトガルはワインと比較すると服地生産において優位度が小さい。この
とき、ポルトガルは服地において比較劣位にあるという。

　イギリスから見ると、ポルトガルのワインの労働生産性を基準にした、イギ
リスのワインの相対労働生産性は0.67で、イギリスはワイン生産において、ポ
ルトガルに対して33％劣位にある（0.67-1）。ポルトガルの服地の労働生産性
を基準にした、イギリスの服地の相対労働生産性は0.9で、イギリスは服地生
産において、ポルトガルに対して10％劣位にある（0.9-1）。イギリスは両財の
生産においてポルトガルに対して劣位にあるが、服地生産において劣位度が小
さい。このとき、イギリスは服地に比較優位をもつ。逆に、服地と比較すると
ワイン生産において劣位度が大きい。このとき、イギリスはワインにおいて比
較劣位にある。

49

　以上を表3-3の記号で表すと、

$$\frac{a_1'}{a_1} > \frac{a_2'}{a_2} > 1 \tag{3.1}$$

となる。両財の生産においてポルトガルがイギリスに対して優位にあること、すなわち、両国間に**絶対的生産力格差**があることは、(3.1) 式で、イギリスに対するポルトガルのワインおよび服地の相対労働生産性 $\frac{a_1'}{a_1}$、$\frac{a_2'}{a_2}$ がともに1より大きいことで示され、ポルトガルはワインに、イギリスは服地に比較優位をもつことは、$\frac{a_1'}{a_1} > \frac{a_2'}{a_2}$ で示される。

　③　**機会費用の国際比較**

　機会費用とは、ある財を1単位追加的に生産するために犠牲にする他の財の量である。完全雇用の状態で、ポルトガルがワインを1単位追加的に生産するには、服地を生産している80労働をワイン生産に向けなければならず、そのために失われる服地は $\frac{80}{90}$ 単位である。つまり、同国におけるワインの機会費用は0.89単位の服地である。同様に、イギリスにおけるワインの機会費用は1.2単位の服地で、ポルトガルの方が小さい。また、ワインで測った服地の機会費用は、ポルトガルでは $\frac{90}{80}=1.125$、イギリスでは $\frac{100}{120}=0.83$ で、イギリスの方が小さい（各財の機会費用はその国内相対価値に一致する）。

　ある財を1単位追加的に生産する場合、犠牲にする他の財の量が少ない国でそれを行うのが効率的なので、ワインはポルトガルで、服地はイギリスで生産される。このとき、ポルトガルはワインに、イギリスは服地に比較優位をもつ。

　(3.1) 式の $\frac{a_1'}{a_1} > \frac{a_2'}{a_2}$ の両辺に $\frac{a_1}{a_2'}$ をかけると $\frac{a_1}{a_2} < \frac{a_1'}{a_2'}$ となり、国際間の労働生産性格差は機会費用の差へ還元できる。しかし、$\frac{a_1}{a_2} < \frac{a_1'}{a_2'}$ は、国際間の絶対的生産力格差を示す $\frac{a_1'}{a_1} > \frac{a_2'}{a_2} > 1$ を必ずしも意味しない。つまり、機会費用から比較優位を説明すると、国際間の絶対的生産力格差が見失われることになる。

　比較優位という概念は3番目の前提と関係している。労働の国際移動が自由ならば、ワイン、服地とも労働生産性が低いイギリスからそれが高いポルトガルへ労働が移動し、両財がともにポルトガルで生産される「最善の国際分業」が形成される。しかし、国際間では労働は移動しない。そのため、各国が比較

優位財を相互に輸出してともに利益を得る「次善の国際分業」が成立する。

④　交易条件と国際分業パターン

輸出財1単位との交換で獲得できる輸入財の量を**交易条件**という。交易条件 (t) をワイン1単位と交換される服地の量で表すと（1単位のワイン＝t単位の服地）、交易条件に応じて国際分業パターンは次のように変化する。

ポルトガルの貿易パターンは同国の相対価値である0.89を基準にして、① t＜0.89、② t＝0.89、③ t＞0.89 の3通りになる。

① t＜0.89の場合。t＝0.5としよう。ワインの相対価値はポルトガル国内では0.89であるが国際市場では0.5であり、国際市場の方が安い。したがって、ポルトガルはワインを輸入し、代わりに服地を輸出する。

② t＝0.89の場合。国内で交換しても貿易を行っても、ポルトガルが1単位のワインとの交換で獲得できる服地は0.89単位で変わらない。したがって貿易を行う誘因はなく、両財とも国内で生産する。

③ t＞0.89の場合。t＝2としよう。ポルトガルは、国内では1単位のワインとの交換で0.89単位の服地を得るが、貿易を行うと1単位のワインを輸出して2単位の服地を得る。したがって、ポルトガルはワインを輸出し服地を輸入する。

イギリスの貿易パターンも同国の相対価値である1.2を基準にして、3通りになる。

④ t＜1.2の場合。服地を輸出し、ワインを輸入する。

⑤ t＝1.2の場合。両財を国内で生産する。

⑥ t＞1.2の場合。ワインを輸出し、服地を輸入する。

以上をまとめたのが**表3-4**である。両国ともワインと服地を必要としているので、有効な国際分業パターンは b、c、d である。どちらか1つの財の生産に特化する場合を完全特化、両財を生産する場合を不完全特化という。

⑤　**貿易利益**

交易条件が両国の相対価値の中間に決まると、両国は比較優位財を輸出し、貿易利益を得る。交易条件を1として（1単位のワイン＝1単位の服地）、それを示そう。

表 3 - 4 交易条件と国際分業パターン

	a	b	c	d	e
交易条件	t<0.89	t=0.89	0.89<t<1.2	t=1.2	t>1.2
ポルトガルが生産する財	服地	ワイン、服地	ワイン	ワイン	ワイン
イギリスが生産する財	服地	服地	服地	ワイン、服地	ワイン

　交易条件と国内相対価値の差が貿易利益となる。ポルトガルは 1 単位のワインとの交換で国内では0.89単位の服地を得るが、貿易では 1 単位の服地を得る。同国は 1 単位のワインを輸出するたびに、服地で測って0.11単位の利益を得る。同様に、イギリスは 1 単位のワインを輸入するたびに、服地で測って0.2単位の利益を得る。

　貿易利益の全体は両国の相対価値の差に等しく、服地で測って0.31（1.2−0.89）単位で、それを両国で分け合う。交易条件がポルトガル（イギリス）の相対価値に近いほど、イギリス（ポルトガル）の貿易利益は大きい。交易条件がポルトガル（イギリス）の相対価値に一致すると、貿易利益はすべてイギリス（ポルトガル）に帰属し、ポルトガル（イギリス）に貿易利益は生まれない。

　貿易利益は労働の節約としても示される。ポルトガルが 1 単位の服地を国内生産するには90労働を要する。貿易を行うと 1 単位のワインと交換に 1 単位の服地を輸入する。貿易で 1 単位の服地を獲得するのに要した労働は、交換に与えた 1 単位のワインの生産に要した労働で80労働である。ポルトガルは 1 単位の服地を輸入するたびに10労働を節約できる。このため同国は90労働で服地を生産できるにもかかわらず、その生産に100労働を要するイギリスから服地を輸入するのである。同様にイギリスは 1 単位のワインを輸入するたびに20労働を節約できる。

⑥　交易条件はどう決まるのか

　交易条件は二国の生産条件と需要条件で決まるとされる。生産条件は表 3 - 3 の単位必要労働量と労働賦存量によって、需要条件は所得の大きさと所得の各財への支出比率によって規定される。所得の各財への支出比率は閉鎖経済から開放経済へ移行しても変化しないとする（ミルの想定）。以下では、需要条件

の変化によって交易条件が変化することを示す。

　［Ⅰ］ポルトガル、イギリスとも所得の$\frac{1}{2}$をそれぞれワインと服地に支出する場合

　閉鎖経済では、国内におけるワインと服地の生産量がそれらの需要量に一致しなければならない。所得の$\frac{1}{2}$をそれぞれワインと服地に支出することは、ポルトガルは労働賦存量7200のうち3600をワインの生産に、3600を服地の生産に当て、生産された45単位のワインと40単位の服地を消費することを意味する＊。イギリスは、労働賦存量9000のうち4500をワインの生産に、4500を服地の生産に当て、生産された37.5単位のワインと45単位の服地を消費する。

　比較優位財に完全特化すると、ポルトガルは90単位のワインを、イギリスは90単位の服地を生産する。開放経済に移行しても各財への支出比率は変わらない。これは、ポルトガルは90単位のワインのうち$\frac{1}{2}$の45単位を国内で消費し、残りの45単位で輸入財（服地）を購入することを意味する。イギリスも90単位の服地のうち$\frac{1}{2}$の45単位を国内で消費し、残りの45単位で輸入財（ワイン）を購入する。そうすると、ポルトガルのワイン45単位とイギリスの服地45単位が交換され、交易条件は1となる。貿易利益は閉鎖経済と開放経済における各財の消費量を比較することによって求められ、ポルトガルでは5単位の服地、イギリスでは7.5単位のワインである（表3‐5上段）。

　　＊　ポルトガルにおけるワインの価格をp_1、服地の価格をp_2、賃金率をwとすると、$p_1=80w$、$p_2=90w$となり、同国の所得は7200wとなる。所得の$\frac{1}{2}$の3600wがワインの購入に向けられ、その需要量と生産量が等しいので、ワインの需要量＝生産量は$\frac{3600w}{80w}=45$となる。同様に、服地の需要量＝生産量は$\frac{3600w}{90w}=40$となる。

　［Ⅱ］ポルトガルは所得の$\frac{4}{9}$をワインに、$\frac{5}{9}$を服地に支出し、イギリスは所得の$\frac{1}{2}$をそれぞれワインと服地に支出する場合

　閉鎖経済では、ポルトガルは40単位のワインと44.4単位の服地、イギリスは37.5単位のワインと45単位の服地を生産し消費している。開放経済では、ポルトガルは90単位のワインのうち40単位を国内で消費し50単位を輸出する。イギリスは90単位の服地のうち45単位を国内で消費し45単位を輸出する。したがっ

表 3-5　交易条件の決定

[Ⅰ] 両国とも所得の $\frac{1}{2}$ をそれぞれワインと服地に支出

国	財	閉鎖経済		開放経済			
		両財を生産しているときの生産量＝消費量	比較優位財に特化したときの生産量	輸出量	輸入量	消費量	貿易利益
ポルトガル	ワイン	45	90	45	0	45	0
	服地	40	0	0	45	45	5
イギリス	ワイン	37.5	0	0	45	45	7.5
	服地	45	90	45	0	45	0

[Ⅱ] ポルトガルは所得の $\frac{4}{9}$ をワインに、$\frac{5}{9}$ を服地に支出し、イギリスは所得の $\frac{1}{2}$ をそれぞれワインと服地に支出

ポルトガル	ワイン	40	90	50	0	40	0
	服地	44.4	0	0	45	45	0.6
イギリス	ワイン	37.5	0	0	50	50	12.5
	服地	45	90	45	0	45	0

て、ポルトガルのワイン50単位とイギリスの服地45単位が交換され、交易条件は0.9となる。[Ⅱ] ではワインの需要が減少し、服地の需要が増加している。そのため、交易条件は1から0.9へとポルトガルに不利化し、貿易利益はポルトガルでは0.6単位の服地へと減少し、イギリスでは12.5単位のワインへと増加する（同、下段）。

　以上はミルによる説明である。彼は交易条件を「国際的需要の均衡」によって説明する（相互需要説）。「ある国の生産物は、その国の輸出の全体がその国の輸入の全体に対して過不足なく支払うのに必要とされる価値で、他の国の生産物と交換される」（Mill [1848] 1976=1959-63：（三）294-5）。上記の例で、両国が輸出する財の量の比率で交易条件が決まることがこれである。ある商品の供給は他の商品を購買する手段となるので、「国際的需要の均衡」は「需要と供給の均衡」の別表現である。リカードウは商品の相対価値の規定において投下労働価値論を堅持している。しかし、ミルは交易条件の決定において、これと

表3-6　貨幣を導入した場合のリカードウの数値例

国	金1gの単位必要労働量	ワインの単位必要労働量と価格	服地の単位必要労働量と価格
ポルトガル	1.8労働	81労働 → 45ポンド	90労働 → 50ポンド
イギリス	2.4労働	120労働 → 50ポンド	108労働 → 45ポンド

は異質の需要供給の原理を持ち込んでいるのである。

3.3　リカードウの貿易論

①　リカードウの交易条件論

　ミルは、リカードウが交易条件を1と前提し、なぜそうなるかを説明していない点を問題とし、投下労働価値論とは異質の需要供給の原理で交易条件を決定した。しかし、ミルはリカードウに交易条件論が存在することを見逃している。

　実際の貿易は労働量ではなく内外の価格を比較して行われる。つまり、貿易が行われるには絶対的価格差が必要である。それを生み出すのが両国における貨幣価値の相違である。

　表3-3の数値例を変更した上で、金1gの単位必要労働量をポルトガルで1.8労働、イギリスで2.4労働、金1gの貨幣名を1ポンドとすると、表3-6のような価格関係となる。ポルトガルで81労働で生産された1単位のワインと、イギリスで108労働で生産された1単位の服地が等しく45ポンドと貨幣表現され交換される（Ricardo［1817］1951=1972：161）。交易条件は1である。こうした貿易が行われるためには、単位必要労働量で見た比較優位財が、相手国より低い価格でなければならない。それを可能にするのが両国における貨幣価値の相違である。以上のように、貨幣を媒介にすることにより、国内および国際商品交換を投下労働価値論で説明できるのである。

②　主流派貿易論と代替的貿易論

　ヘクシャー＝オリーン・モデル（Ohlin 1967）は、共通の生産関数と効用関数をもち、要素賦存状態が異なる二国が、2つの生産要素（資本と労働）を用いて、生産要素の完全利用のもとで要素集約度の異なる二財を生産することを

前提として、２つの主要定理を導き出す。①ヘクシャー＝オリーンの国際分業定理。各国はその国に相対的に豊富に存在する生産要素を集約的に用いて生産する財に比較優位をもつ。②要素価格均等化定理。貿易の結果、財の価格が均等化すると、要素価格も均等化する。

　ヘクシャー＝オリーン・モデルでは、生産条件、需要条件とも共通で、要素賦存状態が異なる二国が前提とされるのだから、要素賦存状態の差が比較優位の原因となるのはほぼ自明である。しかし、これには強い反証がある。Ｗ・レオンチェフが1947年のアメリカのデータを用いてヘクシャー＝オリーンの国際分業定理を検証した結果、当時のアメリカは資本豊富国でありながら、要素賦存状態とは逆に、労働集約財を輸出し資本集約財を輸入していた（レオンチェフ・パラドックス）。最近の研究では、要素賦存状態ではなく生産技術の差で貿易パターンを説明するのが妥当とされている。

　要素価格均等化定理の非現実性については多言を要しない。国際間には大きな賃金格差がある。要素価格が均等化するには、①貿易障壁がなく、貿易の結果、財の価格が均等化する、②両国が両財を生産する、③両国の生産関数が同一である、という前提が満たされる必要がある。この中で決定的なのは③の非現実性である。国際間では生産関数が異なる。優れた生産技術をもつ国は一定の投入でより多くの財を産出するのだから、労働者への分配分である賃金が高くなり、国際間で賃金格差が生じるのは当然である。

　こうした主流派貿易論に対し、古典派価値論の枠組みで交易条件を決定する理論を取り上げよう。この基本的立場は、一定の領域にある所与の需要に対して、恒常的に供給するのに必要な商品の価値は、需要と供給の割合ではなく、その生産に必要な労働量、あるいは生産費に利潤を上乗せした価格によって、つまり、生産条件によって規定される、というものである。

　ミルは両国とも比較優位財に完全特化する状態を前提とし、相互需要説によって交易条件を決定した。Ｆ・Ｄ・グレアムはこれを次のように批判する。ミルは、交易条件が両国の相対価値の中間に決まる状態を正常としたが、これは両国で比較劣位産業が同時になくなる極端なケースである。これに対し、ミルが極端だとした、一方の国が不完全特化である方が一般的で、そのような国

際分業が維持される限り、交易条件は需要供給に関係なく不完全特化にある国
の相対価値に決まる。表 3 - 3 で、イギリスが服地に完全特化、ポルトガルが
不完全特化の場合、ポルトガルが両財を生産するので、交易条件は同国の相対
価値である0.89となる。同様に、イギリスが不完全特化でポルトガルがワイン
に完全特化する場合は、交易条件はイギリスの相対価値である1.2となる。こ
こでは両国で共通に生産される商品である「連結財」(前者では服地、後者では
ワイン) が存在することが重要である。

　塩沢 (2014) はこれを一般化し、M 国の N 種類の商品が投入財としての商
品と労働によって生産され、商品は生産費に利潤を上乗せした価格で販売され
ることを前提として、各商品の世界需要が一定の領域 (二国二財モデルでいう
と、両国とも完全特化となる点を除いた領域) にある場合は、世界需要がその領域
内でどのように変化しようと需要の変化に関係なく、N 種類の商品の価格と
M 国の賃金率が一義的に決まることを論証した。

3.4　社会に貢献する貿易

　比較優位の原理に基づいて自由貿易を正当化するためには、考慮すべきこと
がある。

　第 1 は、特化する産業の性質である。19世紀において、イギリスは基軸産業
である綿工業に特化した。一方、ドイツでは、保護を求める工業地域と農産物
の輸出で利益をあげ自由貿易を主張する農業地域が対立していたが、自由貿易
政策がとられた。綿工業の発展は工業の多面的発展を促し、イギリスを「世界
の工場」へ押し上げた。一方、ドイツの製造業はイギリスとの競争の中で衰退
し、農業は発展の原動力とならず、その拡大は対英依存を強めた。これに対し
F・リストは保護主義によって工業を育成し、イギリスと同等の発展段階に到
達した後に自由貿易に移行することを主張した (幼稚産業保護論)。GATT 体制
でも自由貿易が行われたのは、先進国間の工業製品貿易においてである。自由
貿易が有効なのは同等の発展段階にある国同士においてである。

　第 2 は、完全雇用の前提である。開放経済に移行し比較劣位財の輸入が拡大
したとき、それを生産する労働が比較優位産業に移動し、比較優位財の輸出が

拡大することにより、貿易利益が生まれる。比較劣位産業の労働が失業すると貿易により不利益が生じる可能性があり、それを防ぐには競争圧力を緩和する政策が必要である。それゆえ、安価な穀物の輸入に賛成したリカードウは、「普遍的自由貿易の健全な原理への漸進的復帰」（Ricardo［1817］1951=1972：318）を主張し、A・スミスも、多くの労働者が関係する場合、自由な輸入はゆっくりと段階的に、十分な留保と目配りをもって行われることが人道上必要だとした。自由貿易は成長産業の育成や漸進的政策と結び付いてこそ、社会に貢献するものとなる。

参考文献

Mill, John Stuart, ［1848］1976, *Principles of Political Economy, with Some of their Applications to Social Philosophy*, edited with an introduction by Sir William Ashley, Fairfield: Augustus M. Kelley.（末永茂喜訳, 1959-1963,『経済学原理』（一）―（五）岩波書店.）

Ohlin, Bertil, 1967, *Interregional and International Trade*, revised edition, Cambridge: Harvard University Press.（木村保重訳, 1980,『貿易理論――域際および国際貿易』晃洋書房.）

Ricardo, David, ［1817］1951, *On the Principles of Political Economy and Taxation. The Works and Correspondence of David Ricardo*, edited by Piero Sraffa with the collaboration of M. H. Dobb, Vol. I-XI, Cambridge: University Press for the Royal Economic Society, 1951-1973, Vol. I.（堀 経 夫 訳, 1972,『経済学および課税の原理』,『デイヴィド・リカードウ全集』第Ⅰ巻, 雄松堂書店.）

塩沢由典, 2014,『リカード貿易問題の最終解決――国際価値論の復権』岩波書店.

第**4**章

国際貿易ルールと世界経済秩序

——自由・無差別・多国間主義はどこへ——

■キーワード
　最恵国待遇、関税及び貿易に関する一般協定（GATT）、自由・無差別・多国間主義、
　新自由主義、世界貿易機関（WTO）、地域貿易協定（RTA）、自由貿易協定（FTA）、
　経済連携協定（EPA）、アメリカ・ファースト、保護主義

　「自由貿易」とは、何でも好き勝手に貿易ができるという意味ではなく、あくまで一定のルール内で自由に貿易ができるということである。そのルールはどのようなもので、誰が決めるのであろうか？　財（モノ）、マネー、人、サービス、情報、技術などが国境を越えて動き回る今日、国際ルールの必要性が高まる一方で、それが各国の政策選択の自由を制限する側面もある。戦後一貫して世界経済秩序の設計者であり擁護者でもあった米国でさえも、今日では既存の秩序を否定したり、再編を唱えたりしている。本章では国際貿易ルールの基礎を理解した上で、今日の揺れる世界経済秩序について考えよう。

第1節　国際貿易ルールの概要

1.1　国際貿易ルールとは？

　経済学の父と呼ばれるA・スミスは、他の動物にはない人間の本能の1つとして交換を挙げたが、モノやサービスの交換は、人間の生活に欠かせない固有の行為である。人間は、生きるためにモノやサービスを消費するが、自給自足的な自然経済の時代にはそれらをすべて自ら生産していた。やがて、道具の

59

発明や農業の発達によって生産力が向上すると、余剰物が発生し、それが交換
されるようになった。交換も、不定期なものから定期市や常設市場での交換へ
と発展し、日常生活に不可欠な行為となった。その結果、自家消費用の生産で
はなく、交換目的の生産が主流の経済、つまり商品経済が誕生した。その発展
過程では、技術進歩や分業の深化、貨幣の誕生や度量衡の統一、そして所有権
保護の確立も必要であった。こうして商取引のルールが次第に慣習法として、
または成文法として、成立していったのである。

　貿易も交換＝取引の一種で、国境を越えた取引である。国が違えば法律・制
度・慣習および通貨も異なるのが一般的で、円滑な取引のためにはそれらを調
整する国際ルールの形成が望まれる。国内ルールと同様、取引の発展過程で自
然に生じることもあるが、今日では複数国間による貿易協定などを通じて国際
ルールを形成するのが一般的である。

　貿易は、自国の経済・社会にさまざまな影響を与えるだけでなく、外国との
政治・経済的関係上もきわめて重要である。そのため、各国・地域の政府は多
種多様な利害を勘案し、主体的に貿易政策を立案・実施する。外国との貿易協
定も、締結するか否かは各政府が自主的に決定する。ただし、協定が発効すれ
ば、それを遵守し、協定に沿うように国内の法律・制度が制定されることにな
る。

　歴史的に、特に第二次世界大戦前までは、強国が自らに有利なルールを他国
に強要することが少なくなかった。たとえば日米修好通商条約（1858年締結）
は、日本に関税自主権がなく、また片務的**最恵国待遇**であるなど、不平等条約
であった。最恵国待遇とは、相手国に対して、第三国に与えている最も有利な
条件を保証することである。当時の日本は、米国にそれを保証する一方で、米
国からはそれを保証されていなかった。なお、その後、日本が李氏朝鮮と結ん
だ日朝修好条規（1876年締結）は、朝鮮から見ればそれ以上の不平等条約で
あった。国家間のルールが力によって決められていた時代の産物といえる。

　戦後になると、**関税及び貿易に関する一般協定（GATT）**（1948年暫定発効）に
よって、締約国間の関係が無差別＝平等な国際貿易体制が誕生した。また、成
長を促すため、先進国が途上国からの輸入で関税を減免する一般特恵関税制度

など、むしろ弱国を優遇する国際貿易ルールも登場した。

その他、現在までに180か国以上が締結しているワシントン条約（野生動植物の貿易規制：1975年発効）や、バーゼル条約（有害廃棄物の貿易規制：1992年発効）など、特定分野に関する国際貿易ルールも拡充された。2019年5月には、バーゼル条約が、世界的な海洋汚染の深刻化を踏まえ、汚れた廃プラスチックの越境移動を規制対象に追加した。このように、一国だけでは対応できないグローバルな問題に対して、国際貿易ルールは重要な役割を担っている。

1.2　戦後の自由・無差別・多国間主義の特徴

GATT によって、戦後は**自由・無差別・多国間主義**に基づく国際貿易システムが確立した。自由とは自由貿易のことであるが、GATT は貿易の数量制限を原則禁止とし、国境措置では関税のみが認められた（関税主義）。貿易の自由化は、数量制限を撤廃し、関税さえ納めれば自由に貿易できる状態にすることから始まる（関税化）。次に関税引き下げ交渉が行われ、最終的に関税が撤廃されれば、当該品の貿易の自由化が完成するのである。

また無差別とは、貿易相手国によって差別することなく平等に扱うこと、つまり GATT 締約国間での最恵国待遇を指している。そして多国間主義とは、決められた行動原則に基づいて多数国間（3か国以上）の関係を調整することで、ここでは GATT 締約国間でルールを策定・執行することである。これらによって、戦後は相対的に弱国・小国でも自らの利害を主張できるようになったのである。

自由・無差別・多国間主義は、大恐慌期の反省から生み出された。1929年10月、ニューヨークのウォール街における株価暴落を契機として、世界は未曾有の大恐慌に突入した。主要国は、国内の生産と雇用を守るため保護貿易に走り、自国第一の近隣窮乏化政策を採用した。排他的なブロック化や通貨切り下げ競争が世界貿易を縮小させ、第二次世界大戦という史上最悪の惨事につながった。

これを二度と繰り返さないため、戦後は開かれた貿易体制の構築が目指された。まだ終戦前の1944年7月、米国で連合国通貨金融会議が開催され、国際通

貨基金（IMF）と国際復興開発銀行（通称世界銀行。以下世銀）を設立するブレトンウッズ協定が締結された。戦後、1948年3月には、53か国が国際貿易機関（ITO）憲章を採択したが、各国が政策上の過度な権限委譲を拒んで未発効に終わった。他方で、ITO交渉と並行して23か国が関税引き下げ交渉を行っていたが、そこで生まれたのがGATTであった。ITOの設立失敗により、その後GATT事務局が半世紀近くも国際機関のような役割を担うことになった。IMF・GATT体制は、戦後の西側の国際経済秩序の柱となるのであった。

　ただし、自由を掲げたIMF・GATT体制は、自由放任（レッセフェール）的な自由主義とは異なっていた。無差別・多国間主義の原則はおおむね尊重されていたが、IMFは加盟国が国際資本移動を制限することを認めていたし、GATTも農産物や繊維製品を自由化の対象外とするなど、各国・地域の政府に裁量余地が残されていた。当時は戦後の復興期であった上、政府の役割を重視するケインズ政策が優勢であったことから、「国際経済政策は、国内の政策目標——完全雇用、経済成長、公正、社会保障、福祉国家——に貢献するものでなければならず、その逆であってはならなかった」（Rodrik 2011 = 2014 : 92）のである。IMF・GATT体制下では、経済的自由よりも社会的安定が重視され、各国が比較的自由に政策を選択できたのである。

1.3　新自由主義の台頭

　それが大きく転換したのは、1970年代末〜80年代の英国や米国においてであった。その背景には、以下で見る**新自由主義**の台頭や、輸送や情報通信技術（ICT）などの技術進歩があり、1990年代までにグローバル化が本格化した（→第2章・第9章）。

　1970年代の世界は、第一次オイルショック（1973年）を契機に激しい不況と物価上昇（インフレ）が併発する、スタグフレーションに悩まされた。不況とは需要の低迷、つまりモノが売れない状況である。モノが売れないと生産は縮小・停止し、それが賃金低下や失業、倒産につながると、さらなる需要減退と景気後退を招いてしまう。このため、政府の財政支出や金融緩和を通じて総需要を管理し、経済活動や雇用の維持を図るケインズ政策が、大恐慌以来の主流

な政策であった。ところが1970年代のスタグフレーションは、石油価格の高騰というコスト・プッシュ型のインフレが招いた不況であり、財政支出はさらにインフレを加速させるだけであった。そこで、減税を伴う税制改革、歳出削減、福祉政策の見直しなどを通じて、大きな政府から小さな政府へと転換し、民間の投資・勤労意欲を高めること、つまり、需要側ではなく供給側の能力向上が目指されたのである。

　こうした総需要管理から供給側重視への転換は、「個人の自由の回復」と「市場メカニズムの復権」を唱える新自由主義の高まりを反映していた。大きな政府による手厚い社会福祉制度は、その費用を賄う高い税率を必要とする一方で、対象範囲が広がるほど個々人のニーズとは合致しない方策も増大させる。つまり、所得の多くを政府に徴収され、自分が望まない使途に支出される割合が増えていくので、個人の「選択する自由」が制限されるのである。他方で、働かなくても社会福祉制度が一定の生活を保障するため、個人の責任感や勤勉の精神を弱めてしまうことも懸念された。

　このような新自由主義的な考えに基づき、小さな政府と自由市場競争を支持したのが、英国のサッチャー政権（1979〜90年）や米国のレーガン政権（1981〜89年）であった。政府介入は市場の働きを歪めるので非効率とされ、生産性向上や経済成長を促すには自由化・民営化・規制緩和が必要と考えられた。また、政府介入は自由で公平な競争環境も歪めるので、非効率な上に不公正な行為ともみなされるようになった。

　1980年代中頃には、新自由主義が普遍的な経済思想として世界的に広がっていくが、それには米国の息が掛かるIMF・世銀が関係していた。当時、メキシコやブラジルをはじめ、多くの途上国が累積債務問題に直面していた（→第8章）。危機に陥った国々は、IMF・世銀から救済融資を受けるが、その条件として新自由主義的な構造調整政策を要求された。その処方箋は後に、米政府機関やシンクタンク、IMF・世銀、そして米州開発銀行などの合意事項として、ワシントン・コンセンサスと呼ばれるようになった。1980年代末にはソ連・東欧の社会主義経済が崩壊するが、そこでも急進的な自由化・民営化・規制緩和が処方されたのである。

第2節　WTO体制の成立と課題

2.1　WTOの誕生とその特徴

　前節で見たように、1980年代には新自由主義が影響力を高めたが、その結果として真の自由貿易が進展したのであろうか？　実際には、自由貿易どころか無差別・多国間主義の原則までもが危機を迎えることになった。

　代表的な新自由主義政権を打ち立てることになるR・レーガンは、1980年の米国大統領選で "Let's Make America Great Again" と謳い、「強い米国」の復活のために膨大な貿易赤字の削減を目指した。しかし、その手法は自由貿易とはほど遠く、保護主義的な管理貿易であった。具体的には、「輸出は善、輸入は悪」とする重商主義的な考えで、日本など貿易赤字相手国の「不公正な貿易」を非難し、一方的・差別的な制裁措置の実施または脅しによって、米国に有利な条件を獲得するための二国間交渉を展開した。レーガン政権は、「公正な貿易」の実現を大義名分として、自由貿易から逸脱している（と米国が判断した）日本に対して、輸出自主規制や輸入自主拡大を迫ったのである。

　他方で、多くの途上国では、ワシントン・コンセンサスに基づく画一的な処方箋によって、自由化・民営化・規制緩和が進められた。政府の経済介入は非効率かつ不公正とされ、長期的な視野から特定の産業を保護・育成する産業政策も否定された。

　こうして世界規模での市場経済化＝グローバル化が進む中、1986年9月〜94年4月にかけて、GATT第8回関税引き下げ交渉（ウルグアイ・ラウンド）が実施された。期間の長さが交渉の難航を物語るが、その成果として1995年1月に**世界貿易機関（WTO）**が発足した。WTOは、GATTも取り込み、GATT体制と同様に自由・無差別・多国間主義を基本原則としている。ただし、農産物や繊維製品を含むすべてのモノが自由化の対象となったほか（例外なき関税化）、グローバル化の進展を反映して対象分野を大幅に拡大させた（図4‐1参照）。新分野のサービス貿易や知的財産権（WTO協定締結時の呼称は知的所有権）は、米国が競争力をもつ分野であり、米国を多国間主義の枠組に引きとどめ

図 4 - 1　WTO 協定の全容

世界貿易機関を設立するマラケシュ協定（WTO協定）

- 1 A. 物品の貿易に関する多角的協定
  - GATT1994（GATT1947 及びその改正や法的文書、UR譲許表、など）
  - 農業に関する協定
  - 衛生植物検疫措置（SPS）の適用に関する協定
  - 繊維及び繊維製品（衣類を含む）に関する協定
- 1 B. サービス貿易に関する一般協定（GATS）
  - 貿易の技術的障害（TBT）に関する協定
  - 貿易に関連する投資措置に関する協定（TRIMs）
- 1 C. 知的所有権の貿易関連の側面に関する協定（TRIPS）
  - アンチ・ダンピング協定
  - 関税評価に関する協定
- 2. 紛争解決に係る規則及び手続きに関する了解
  - 船積み前検査に関する協定（PSI）
  - 原産地に関する協定
- 3. 貿易政策検討制度（TPRM）
  - 補助金および相殺措置に関する協定（SCM）
  - セーフガードに関する協定
- 4. 複数国間貿易協定
  - 民間航空機貿易に関する協定
  - 政府調達に関する協定
  - 貿易の円滑化に関する協定

（注 1 ）加盟国は附属書 1 〜 3 （多角的貿易協定）を一括受諾する義務（WTO 協定 第16条 4 、 5 ）。
（注 2 ）附属書 4 は、GATT 第 7 回多角的関税引き下げ交渉である東京ラウンドにおいて特定国間で締結されたものであるが、WTO の対象範囲とされながらも、一括受諾義務の対象外とされた。政府調達に関する協定については、その後 2 度改訂され、現行のものは2012年 3 月に採択された。なお、WTO 協定発効時には複数国間協定に国際酪農品協定及び国際牛肉協定も含まれていたが、すでに失効している。
（出所）経済産業省通商政策局（2019：145）を参考に筆者作成。

るために各国も譲歩した。加盟国は広範な協定を一括受諾しなければならず、WTO のルールと合致しない国内法や行政手続きは撤廃・修正することが義務づけられた。2020年 3 月時点で、WTO には164か国・地域が加盟しており、これは今日の国際貿易ルールの基盤となっている。

　WTO では、GATT 時代と比べて司法機能も強化され、加盟国間の紛争解決が迅速化・有効化された。具体的には、ネガティブ・コンセンサス方式の導入（全員が反対しなければ採択する）、紛争解決手続における所要期間の明確化、小委員会（パネル）と上級委員会による二審制の導入、対抗措置の明文化などが図られた。さらに、WTO の手続以外での対抗措置の禁止が明記され、二国間措置は WTO 違反となった。こうした司法機能強化は紛争案件数を増大させ、発足から10年足らずの2004年 8 月で、GATT 時代（1948〜94年）の総数

（314件）に並んだ。

　しかし、米国が上級委員会委員（二審裁判官に相当。定員7名、任期4年）の新規任命を拒否しているため、2017年から欠員状態が続いている。上級委員会では1案件を3名で担当する規則であるが、2019年12月に2名が任期切れとなり、わずか1名となってしまった。紛争解決の機能不全を回避するため、2020年4月には有志国・地域間による代替的な多国間上訴制度が適用開始されたが、少しでも早い正常化が望まれている。

2.2　WTO体制の課題

　今日の国際貿易ルールの多くは、WTOに代表される多国間の場で決定されている。前節において、戦後の自由・無差別・多国間主義では弱国や小国も自らの利害を主張できるようになったと指摘したが、WTOではそれが一部で有名無実化してしまった。

　WTOの意思決定方法は、明確な反対がなければ議事が進行する「コンセンサス方式」であり（紛争解決プロセスを除く）、反対するには会議に出席する必要がある。ところが、対象分野が広いWTOでは、しばしば数多くの会合・委員会が同時開催されるので、予算や人材面の制約により、必要なすべての会議には出席できない加盟国も少なくない。つまり、反対したくても会議に出席できない国があり、それでも決定事項は一括受諾が求められ、国内法を改正してでもそれを遵守しなければならないのがWTOなのである。

　企業がグローバルに経済活動を展開する場合、ルールや基準が世界中で共通化されているほうが効率的で好都合なので、グローバル化の進展は国際貿易ルールの拡充を要請・促進してきた。また、環境問題や安全保障など地球規模の課題に取り組むためには、抜け穴のない国際ルールが不可欠となる。ところが、国際ルールの範囲が拡大するほど、各国・地域の政府による自由裁量余地は狭まることになる。たとえば、国際ルールが政府の経済介入を非効率かつ不公正とするならば、特定産業の振興や、特定農業の保護などが、自由にできなくなるのである。そのため、国際ルールが自国の利益と合致するかどうかや、その形成過程で主導権や影響力をもてるかどうかは、とても重要になる。

　「はしごを外せ」。これは、開発経済学者 H・J・チャンの言葉である。チャンによれば、途上国が発展のために積極的な産業政策を追求することを制限する WTO 協定は、かつて先進国が弱国に強制した不平等条約の現代版・多国間版であるという。先進国は、自分たちが頂上に登るときに使った「はしご」を蹴倒して、途上国には使わせないのである（Chang 2002＝2009：231-2）。

　その他、紛争解決の判例が増えるにつれて、WTO は途上国や市民団体から多くの批判を受けるようになった。簡潔に言えば、環境や労働の問題を軽視し、過度に商業主義であり、途上国の発展を妨げ、金持ちばかりを富ませるという批判である。1999年11～12月の米国のシアトルにおける WTO 第3回閣僚会議では、激しいデモが沸き起こり、多角的通商交渉の立ち上げに失敗した。2001年11月の第4回閣僚会議は、デモ隊が入りにくいカタールのドーハで開催され、直前の9・11同時多発テロの影響で世界的な協調圧力が強まる中、新多角的通商交渉であるドーハ開発アジェンダ（DDA）の開始で合意した。また、ウルグアイ・ラウンド合意の実施に関する問題への取り組み、途上国が苦しむ三大感染症（HIV/AIDS、結核、マラリア）の医薬品アクセスの改善、そして中国と台湾の WTO 加盟承認など、画期的な動きもあった。

　しかし、DDA はほとんど成果を上げられず、2011年12月のジュネーブにおける第8回閣僚会議で、交渉の一時停止と「新たなアプローチ」の探求へと追い込まれた。しばしば指摘されるように、加盟国数の増大が、さらなる自由化や国際ルールの拡充を困難にした。ただし、米国をはじめとする先進諸国が新興国・途上国に対等なルールを求めるようになったこと、また、次節で見るような新たな国際ルール形成の場として**地域貿易協定（RTA）**の役割が高まったことが、交渉の停滞の主要因であろう。

　その後、DDA の成果として2017年2月に「貿易の円滑化に関する協定」が発効し、WTO 発足22年目にして初めて、全加盟国による新たな国際貿易ルールが誕生した。他方で、「新たなアプローチ」として、全加盟国ではなく複数国間（プルリ）での特定分野の交渉（たとえば情報技術協定（ITA）拡大交渉、新サービス貿易協定（TiSA）交渉、環境物品協定（EGA）交渉など）が進められている。自由・無差別・多国間主義を維持するための現実的対応といえる。

第3節　地域貿易協定の拡大

3.1　地域貿易協定とは

　WTO協定は国際貿易ルールの基盤であるが、それと並んで存在感を増しているのが地域貿易協定（RTA）である。RTAとは、**自由貿易協定（FTA）**、**経済連携協定（EPA）**、および関税同盟（CU）などの総称であるが、いずれも参加国・地域数はさまざまである。

　FTAは、締約国間で貿易障壁を撤廃し、自由貿易地域を形成するための協定である。EPAはFTAの一種であるが、貿易自由化に加え、投資、人の移動、知的財産権、二国間協力など、より包括的な内容を含んでいる。EPAはもともと日本が使い始めた名称で、単なる貿易自由化にとどまらず、相互繁栄のための経済連携の構築を強調する狙いがあった。ただし、今日では多くのFTAが貿易自由化にとどまらない包括的協定になっており、「WTO＋」と呼ばれるWTOの範囲を超えたFTAも珍しくない。

　CUは、FTAと同じく貿易を自由化した上で、域外の第三国に対する関税率などの貿易政策を締約国間で共通化するものである。つまり、CUを形成する国・地域は、外から見れば1つの経済体のようになる。たとえば欧州連合（EU）はCUであるため（→第11章）、日本が商品Xを輸出する場合、EU加盟国ならばドイツでもギリシャでも課される関税は同じである。また、2019年2月に日EU・EPAが発効したが、CU加盟国は他国と個別にRTAを結ぶことはできない。それだけ貿易政策面の統合度が高いのである。

　世界のRTAにはEUのほか、FTAである北米自由貿易協定（NAFTA）や環太平洋パートナーシップ（TPP）協定、CUである南米南部共同市場（MERCOSUR）などがある。NAFTAは1994年1月に米国・カナダ・メキシコの3か国で発効し、先進国・途上国間のRTAの先駆けとして注目された（→第9章）。ところが、2017年1月に誕生した米国のトランプ政権は、これを不公正な協定としてその見直しを要請し、2020年7月に新たに米国・メキシコ・カナダ協定（USMCA）が発効した。また、トランプ政権はTPPからも離脱し、日

図 4 - 2　日本の経済連携協定（EPA/FTA）の取り組み（2020年 2 月時点）

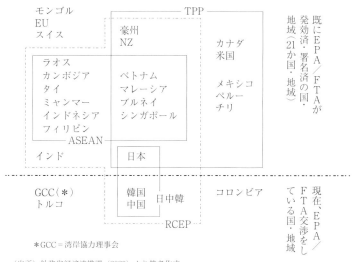

＊GCC＝湾岸協力理事会

（出所）外務省経済連携課（2020）より筆者作成。

本、オーストラリア、ブルネイ、カナダ、チリ、マレーシア、メキシコ、ニュージーランド、ペルー、シンガポール、ベトナムの11か国による、環太平洋パートナーシップに関する包括的及び先進的な協定（CPTPP、通称 TPP11）が、2018年12月に発効した。

　日本初の RTA は、2002年11月発効のシンガポールとの EPA で、これは世界的に見れば遅いほうであるが、その後、環太平洋地域を中心に EPA 網を拡大している（図 4 - 2 ）。

3.2　地域貿易協定の意義

　RTA は締約国間の貿易を自由化するものの、域外国に対する障壁は残る。これは GATT・WTO の無差別原則に反しており、特恵貿易協定といえる。ただし、GATT・WTO においても、一定の条件を満たすならば、RTA は合法的に認められている。たとえば GATT24 条は、RTA について、①域外に対する障壁を締結前より高めることなく、②妥当な期間内（10年以内）に、③

実質上すべての貿易障壁を廃止すること、を条件としている。

　GATT・WTO が認めているとはいえ、RTA が差別的な性質であることに変わりはない。生産性が高く競争力をもつ国でさえも、RTA の域外国であれば貿易から締め出される可能性もあるし（貿易転換効果）、第二次世界大戦を誘発したようなブロック化を再発させる恐れがないわけでもない。

　ただし、前節で見たように、加盟数が増大した GATT・WTO では、ウルグアイ・ラウンドや DDA が難航したように、さらなる自由化やルールの拡充に合意するのが困難なことも事実である。そのため、差別的な性格は拭えないが、自由化の余地が残るメンバー同士で RTA を結ぶことは、自由貿易体制を補完するとも考えられている。また、他国間の RTA が自国に不利に働くならば、それを避けるために自らも RTA 締結に乗り出すので、全体として自由化が促進されるという指摘もある（ドミノ効果またはバンドワゴン効果と言われる）。これらは果たして本当なのか？　自由化と無差別のどちらを重視するべきなのか？　問われなければならない問題は残されている。

　RTA では、近年、メガ FTA と呼ばれる大規模なものが目立つようになっている。RTA のパイオニアである EU や、3 か国ではあるが USMCA も、経済規模は巨大である。日本も、TPP、TPP11、日 EU・EPA、そして交渉中の日中韓 FTA や東アジア地域包括的経済連携（RCEP）など、メガ FTA に積極的に関与している。これらは従来の RTA の課題を克服することで、さらなる貿易や投資の活発化を促したり、国際貿易ルールの基準づくりを目指したりする特徴がある。

　1990年代以降の RTA ブームは、スパゲッティ・ボウル現象と呼ばれる煩雑さを生み出すことにもなった。そもそも RTA は、貿易や投資の円滑化のために締結されるが、その特恵を受けられるのは締約国産の財に限られ、各 RTA はその条件を原産地規則として規定している。RTA の数が増えると、輸入する製品 X が何国産なのかによって関税率その他の手続きが異なるので、それぞれの原産地規則などを確認する煩雑さも増すことになる。それが、メガ FTA として複数の RTA が一本化されれば、スパゲッティ・ボウルの中の麺もほぐれやすくなるのである。

　また、TPP が大筋合意に至った日、これを主導していた当時のオバマ米大統領は、「この協定のもとで、中国のような国ではなく、われわれがグローバル経済のルールを書くのだ」と述べたが、これはメガ FTA の大きな狙いを端的に表している。つまりメガ FTA が形成した国際ルールを、デファクトな（事実上の）グローバル・スタンダードに発展させたり、やがて正式な世界的ルールに昇格させたりすることで、自らに有利なルール形成を進められるのである。

　以上のように、国際貿易ルールとして存在感を増してきた RTA であるが、それも否定するような動きを見せているのが米国である。そこで以下では、米国が引き起こす世界経済秩序の動揺について見てみよう。

第4節　米国の変容と揺れる世界経済秩序

4.1　新興国・途上国の躍進と揺れる先進諸国

　今日、国際貿易ルールを含む従来の世界経済秩序が揺らいでいる。その要因の1つは、中国を筆頭とする新興国・途上国の躍進にある。輸送や ICT が発展・普及し、グローバルな生産・流通ネットワークが拡大・深化する中で、新興国・途上国は先進諸国を上回るペースで成長してきた。世界の国内総生産（GDP：名目値）に占める先進7か国（G7）のシェアは、1991年には66.2%、2001年でも65.2%に達していたが、2018年には45.3%と過半数を割っている（図4-3）。この間に、日本は15.0%から5.8%へとシェアを3分の1近くに落としたのに対して、中国は同じく1.6%から15.9%へと10倍近く増大させた。貿易や直接投資の分野でも、中国など新興国・途上国は急速に存在感を高めている。

　もう1つの要因は、相対的には「豊かな」先進諸国で、格差問題が深刻化していることである（→第2章）。先進諸国の低・中所得者から見れば、国内の高所得者との格差が一段と広がる一方で、自分たちより所得が低い新興国の人々には急速に追い上げられている。移民・難民が流入する国では、そこに貴重な財源が充てられる不満や、雇用を奪われる不安が募っている。遠く離れた国の

71

図 4-3 世界 GDP に占める各地域のシェアの変遷

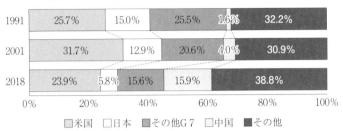

(出所) World Bank, *World Bank Open Data*

労働者さえも手強い競争相手であるが、ICT の発展した今日、それは製造業に限られず、サービス業にも及んでいる (ギグワーカーの存在)。

　つまり、先進諸国に対する新興国・途上国の影響力が、急速に高まっているのである。気がつけば、先進諸国の日常生活は、かつての植民地・従属国や援助対象国からの輸入品で支えられている。また、自分たちとは違った文化や価値観をもつ移民・難民が流入し、街でも職場でも学校でも存在感を高めている。グローバル化が世界を小さくする中で、先進諸国は次第に新興国・途上国に取り囲まれ、追い詰められているかのようである。

　2016年、これらに関わる興味深い動きが立て続けに発生した。まず1月には、前年末に中国主導で発足したアジアインフラ投資銀行 (AIIB) が開業した。従来の国際開発支援の場では、IMF や世銀を通じて米国の意向が反映される傾向にあった。AIIB は、アジアにおけるインフラ支援を主要目的とするが (設立協定第1条)、出資比率の大きさから中国が影響力をもつ国際機関が誕生したのである。また6月には、英国が国民投票によって EU 離脱を選択した。特に移民・難民問題が話題になったが、EU 加盟国であるために政策選択の自由が制限されることへの不満の表れでもあった。そして11月には、米国大統領選挙で「**アメリカ・ファースト**」を掲げる D・トランプ氏が当選した。「自由貿易の擁護者」を自認する米国において、自国第一の**保護主義**を唱える大統領が誕生したことで、自由・無差別・多国間主義という従来の世界経済秩序の大原則が急激に崩れ始めることになる。

4.2　米国の「保護主義・差別主義・二国間主義」

　トランプ氏は、2017年1月の大統領就任演説の中で、「今後、貿易、税制、移民、外交におけるすべての決定は、米国の労働者と家族に恩恵をもたらすために下される」とし、公約通り「アメリカ・ファースト」を宣言した。そして、米国の企業や雇用を脅かす破壊行為から国境を守る必要があるとして、「米国製品を買い、米国の労働者を雇おう」と保護主義を謳ったのである。米国が抱える世界最大の貿易赤字の削減や、諸外国の「不公正な慣行」の打破に向けた宣戦布告のような演説であった。さらに、トランプ政権は「WTOよりも国内法の優先」を掲げ、しばしば国内法に基づく一方的な制裁措置の実施または脅しを通じて、多国間主義を軽視した二国間交渉（いわゆる「ディール」）を推進した。

　たとえば、2018年3月に米国は、1962年通商拡大法232条に基づく国家安全保障を根拠に、鉄鋼とアルミニウムの関税を引き上げた。ただし、二国間交渉に応じる国は免税する方針をとった。そのため、米国とのディールでWTOが禁じる輸出数量制限を受容する国も現れ、国際ルールの形骸化が懸念された。同年5月には、自動車・同部品の輸入拡大が国家安全保障を脅かしているとして、それらの関税引き上げが必要かどうか、同232条に基づき調査されることになった。自動車・同部品は、日本にとって最大の対米輸出品目であるため、日本は関税回避を目指して二国間交渉に応じることになった。

　米国にとって最大の貿易赤字相手国である中国は、米国の保護主義かつ差別主義の最大の標的である。2018年7月、米国は1974年通商法301条という国内法に基づき、中国による知的財産権の侵害や技術移転の強要などの「不公正な慣行」に対する制裁関税を発動した。知的財産権には特許権、商標権、意匠権などがあり、WTO協定（図4-1）の知的所有権の貿易関連の側面に関する協定（TRIPS）はこれらの保護を義務づけている。また、技術移転の強要は、同じく貿易に関連する投資措置に関する協定（TRIMs）に違反する可能性がある。ただし、そのような疑いがあれば、本来、米国はWTOの紛争解決ルールに則って対処する必要がある。ところが米国はそれを無視し、その後も何段階かにわたって制裁関税を拡大した。中国も対抗措置を発動し、米中貿易戦争と呼

ばれる事態になった。さらに米国は、国家安全保障や人権侵害を根拠に中国という特定国の特定企業を狙い撃ちし、米国政府機関による当該企業との間の調達・契約や、米国の製品や技術の輸出を禁止した（→第9章・第10章）。

　このように、トランプ大統領は、自由・無差別・多国間主義を蔑ろにし、それとは真逆の保護主義・差別主義・二国間主義を実践した。つまり、米国内の雇用・所得確保のための保護主義、中国などを狙い撃ちにした差別主義、そして各国に強要を迫る二国間主義である。もちろん米国大統領が米国を優先するのは当然であるが、国際ルールの無視は既存の国際経済関係を著しく損なうことになる。ルールに問題があるならば、多国間主義に基づき議論・修正することが肝要であり、その不備を理由にルール違反を正当化することは許されない。また、各国の行き過ぎた自国第一主義は、歴史的にも危険な結果を引き起こしてきたことを想起する必要がある。

4.3　世界経済秩序の柱となる多国間主義

　トランプ氏は、"Make America Great Again" を掲げて2016年大統領選に勝利したが、それは1980年のレーガン氏を踏襲していた。どちらも、「強い米国」の復活のために膨大な貿易赤字の削減を目指し、重商主義的な保護政策を推進した。貿易赤字相手国の「不公正な貿易」を非難し、米国の利益のために「公正な貿易」を訴える点も共通していた。

　ただし、上述のようにレーガン政権が日本に自主的な措置をとらせたのに対して、トランプ政権は、不公正な（と米国が考える）貿易相手国（特に中国）からの輸入品に自ら差別的な関税を課した。つまり、レーガン政権は管理貿易を求めながらも、あくまで米国は「自由貿易の擁護者」という立場を堅持したし、それは1990年代以降も変わらなかったのに対して、トランプ政権は臆面もなく、保護主義・差別主義・二国間主義を標榜したのである。

　これらの違いは、次の通りである。第1に、レーガン時代のライバル国であった日本は、米国の不満や要求を聞き入れ、米国の覇権に挑むことはなかったが、トランプ政権の最大のライバルは思い通りにならない中国であった。第2に、1990年代には、冷戦終結や湾岸戦争を経て米国の政治的・軍事的パワー

が回復し、「強い米国」が復活し、世界 GDP のシェアも拡大した（図 4 - 3）。しかし、今日までにテロとの戦いの中で米国の軍事的パワーも相対的に低下し、中国が著しく台頭した。第 3 に、1990年代には ICT に代表される最先端分野で米国の競争優位が維持され、次世代技術の担い手としてシリコン・バレーにおけるハイテク・ベンチャー企業の台頭や、金融工学を駆使したウォール街の金融業への期待が集まったが、今日ではハイテク分野でも中国が脅威となりつつある。第 4 に、1990年代には米国が優位な分野（サービス貿易や知的財産権）で、米国に有利なルールを盛り込んだ WTO が多国間の枠組みとして設立されたが、今日では米国も多国間の場で思い通りの国際ルールを形成できなくなっている。第 5 に、今日では行き過ぎた所得格差によって、高まる国内のさまざまな不平・不満のはけ口を国外に求めている、という事情もある。

　米国の「アメリカ・ファースト」に基づく保護主義・差別主義・二国間主義が厄介なのは、他の国々が協力して米国に対峙すべきところ、各国とも自国第一主義に流されてしまうことである。トランプ政権は、二国間交渉を受け入れた国に対して差別的措置の適用を免除する、というディールを展開したが、各国とも免除に与ろうと二国間交渉に乗り出した。2020年 1 月に日米貿易協定を発効させた日本も、その例外ではない。米国とのディールで要求を受け入れた相手国は、他の貿易相手国からの輸入分を取り上げて米国に差し出すことで、米国の要求を満たすことになる。つまり、米国自身だけでなく、各国も「アメリカ・ファースト」を実践することになる。言い換えれば、「アメリカ・ファースト」は、各国による米国への差別的な好待遇によって実現するが、そこでは世界的な効率性の低下を招くだけでなく、無差別＝平等な競争環境も侵食される。これを踏まえれば、多国間主義の枠組みはきわめて重要である。

　繰り返せば、貿易は自国の経済・社会にとってだけでなく、外国との政治的・経済的関係上もきわめて重要である。そのため、国際貿易ルールもきわめて重要であり、それは各国にとって公正に形成されなければならない。戦後の国際貿易システムは、自由・無差別・多国間主義の原則に基づき成立してきた。時代によって、原則が柔軟に適用されたり、揺らいだりしながらも、世界貿易の確実な拡大を支えてきたといえる。

　しかし、いまはまさに世界経済秩序の転換点にあり、国際貿易ルールにも変化が生じている。自国第一主義が蔓延しようとする中で、自由・無差別・多国間主義のそれぞれについて、もう一度熟考することが必要であろう。

参考文献

経済産業省通商政策局，2019，『不公正貿易報告書――WTO協定及び経済連携協定・投資協定から見た主要国の貿易政策』樹芸書房.

外務省経済連携課，2020，「我が国の経済連携協定（EPA/FTA）の取組」（2020年5月8日取得，https://www.mofa.go.jp/mofaj/files/000490260.pdf）.

Chang, Ha-Joon, 2002, *Kicking Away the Ladder: Development Strategy in Historical Perspective,* London: Anthem Press.（横川信治監訳，張馨元・横川太郎訳2009，『はしごを外せ――蹴落とされる発展途上国』日本評論社.）

Rodrik, Dani, 2011, *The Globalization Paradox: Democracy and the Future of the World Economy,* New York and London: W. W. Norton.（柴山桂太・大川良文訳，2014，『グローバリゼーション・パラドクス――世界経済の未来を決める三つの道』白水社.）

第 5 章

国際マネーフロー入門

──国際収支と対外資産負債残高の読み方──

■キーワード
経常収支、金融収支、フロー、ストック、居住性、移民送金、複式計上方式、対外純
資産国、対外純負債国、グローバル・インバランス

　前章までの財やサービスに続き、本章と次章では、マネーの動きから地球経
済をつかむための方法を説明しよう。本章では、まず、国際マネーフローを読
み解く基礎となる、国際収支と対外資産負債残高という 2 つの統計を解説す
る。次に、統計を国際的・時系列的に比較することで、グローバル・インバラ
ンスという観点から、今日の国際マネーフローの姿を浮かび上がらせる。

第 1 節　国際収支統計の読み方

1.1　統計の基本

　国際収支とは、ある国が一定期間に行った国際経済取引を、定められた方法
で記録した統計のことをいう。2018 年の日本の国際収支を**表 5 - 1** に示した。
　国際収支は大きく分けて**経常収支**、資本移転等収支、**金融収支**、誤差脱漏の
4 項目から構成されている。そして、 4 つの項目の間には、

$$経常収支 + 資本移転等収支 + 誤差脱漏 = 金融収支 \qquad (5.1)$$

という関係が成り立っている。
　各項目の「収支」は、経常収支と資本移転等収支については「受取 - 支払」

表5‑1　日本の国際収支（2018年）

(単位：兆円)

経常収支	19.1	受取	137.6	支払	118.5
貿易収支	1.2	輸出	81.2	輸入	80.0
サービス収支	−0.9	受取	21.2	支払	22.1
第一次所得収支	20.8	受取	32.8	支払	12.0
第二次所得収支	−2.0	受取	2.4	支払	4.4
資本移転等収支	−0.2	受取	0.1	支払	0.3
金融収支	20.1	資産	−2.0	負債	−22.2
直接投資	14.9	資産	17.7	負債	2.8
証券投資	9.6	資産	20.4	負債	10.8
金融派生商品	0.1	資産	−60.4	負債	−60.5
その他投資	−7.1	資産	17.6	負債	24.7
外貨準備	2.7	資産	2.7	—	—
誤差脱漏	1.2				

(注) 速報値。四捨五入のため、内訳の合計が全体の数値と合わないことがある。
(出所) 財務省「国際収支状況」

で求められ、金融収支では「資産−負債」で求められる。資産と負債という用語がそれぞれ何を意味しているかについては、1.4の金融収支のところで詳しく説明しよう。

　国際収支は、本来、取引が漏れなく正確に計上されていれば、経常収支＋資本移転等収支＝金融収支となるように作られている。しかし、現実には捕捉しきれない取引があるために、左辺と右辺には差額が生じる。この差額を打ち消すための調整項目が、誤差脱漏である。

　国際収支は3か月間、半年間、あるいは1年間というように、対外経済関係に生じた一定期間の変化を知るための統計である。多くの国では1か月間の数値が最短期間として提供されている。このように、一定期間の変化を知るために作成された統計を**フロー**統計と呼ぶ。一方、フロー統計に対して、3月31日や12月31日といったある時点の状態を知るための統計を**ストック**統計と呼ぶ。そして、国際収支と対になるストック統計のことを対外資産負債残高という。これについては第2節で解説する。

　なお、国際収支の基本構成や各項目の計上基準については、国際通貨基金（IMF）がマニュアルを作成しており、加盟国はそれに準拠した国際収支統計

を作成することが要請されている。マニュアルは1949年に初版が発行されて以
来改訂が重ねられており、2009年に発行された第 6 版が最新版である。これに
準拠して、日本の国際収支の発表形式も2014年に改訂され、現在に至ってい
る。**表 5 - 1** の国際収支も、2014年に改訂された最新の発表形式に則ったもの
である。

1.2　国際経済取引とは

　国際収支に計上される国際経済取引とは、居住者と非居住者の間で行われる
経済取引のことをいう。居住者というのは、統計の作成国内に住居を構える個
人や、国内に営業の本拠を置く企業、その国の政府機関などのことをいう。非
居住者は逆に、外国に住居を構える個人や外国に営業の本拠を置く企業、外国
の政府機関などをいう。取引者の**居住性**は生活や営業の実態によって判断さ
れ、個人や企業の国籍とは直接関連しない。

　以後、本章の説明では、特に断らない限り日本を統計作成国とし、「日本
（人、企業、政府）」という語を「（日本の）居住者」、「外国（人、企業、政府）」と
いう語を「（日本の）非居住者」という意味で用いることとする。

　国際経済取引か否かは取引者の居住性によって決まり、取引される場所で決
まるわけではない。したがって、国内で完結する取引であっても、国際収支の
計上対象となることがある。日本に観光に来た外国人旅行客が日本の観光地で
買物するような場合がそれである。このとき、商品の売買は日本国内で完結し
ているが、国際経済取引として国際収支の計上対象となる。

1.3　経常収支の内容

①　貿易収支とサービス収支

　国際収支は通常、経常収支から記載される。経常収支は、経常取引の受取と
支払の差額である。そして、経常収支は、貿易収支、サービス収支、第一次所
得収支、第二次所得収支の 4 項目に細かく分けられる。まず、貿易収支とサー
ビス収支について説明しよう。

　第 3 章で学んだように、貿易は財貿易とサービス貿易に大別される。国際収

支では、財貿易の収支を貿易収支に、サービス貿易の収支をサービス収支に計上する。

　貿易収支は、商品の輸出入の差額である。ここでいう商品とは、自動車、原油、農産物などといった「形のあるもの」のことをいう。日本人が外国人に商品を売却した場合はその金額が輸出として計上され、逆に、日本人が外国人から商品を購入した場合はその金額が輸入として計上される。そして、貿易収支は輸出から輸入を差し引いて求めることができる。輸出が輸入より大きくなれば黒字、小さくなれば赤字と称する。

　サービス収支は、サービス貿易の受取と支払の差額である。サービス貿易とは「形のあるもの」の売買には当てはまらないような経済活動全般を指しており、その形態は多岐にわたっている。例を挙げれば、1.2で述べたような外国人旅行客の日本国内での買物や宿泊のほか、外国の保険会社との保険契約、外国の輸送機関の利用、外国企業の特許の利用といったものがある。

　サービス貿易では、外国人が日本人の提供するサービスを利用した場合は、受け取った対価を受取に計上し、逆に、日本人が外国人の提供するサービスを利用した場合は、支払った対価を支払に計上する。たとえば、外国人旅行客が日本の観光地で買物をした場合は、外国人から受け取った販売代金が日本のサービス取引の受取に計上される。また、日本から自動車を輸出する際に外国の船会社を使えば、日本企業が支払った運賃が日本のサービス取引の支払に計上される。そして、受取から支払を差し引いてサービス収支が求められることになる。

　ところで、表5-1でも示されている通り、貿易取引は他の取引項目と異なり、対価を受け取る場合を「輸出」、支払う場合を「輸入」、つまり商品の流れる方向で称している。しかし、それ以外の経常収支項目は、商品のように明確な流れが見えにくいこともあり、対価の流れる方向に注目して「受取」または「支払」と称している。ただし、対価の受取が支払よりも多くなる場合を黒字、逆に支払が受取よりも多くなる場合を赤字と称している点は同じである。

　②　第一次所得収支と第二次所得収支

　「所得」の名称がついている第一次所得収支と第二次所得収支は、貿易・

サービス収支とは若干性質が異なっている。まず、それぞれの項目にどのような取引が計上されているのかを示してから、「所得」という用語の意味について詳しく説明しよう。

第一次所得収支には、外国への投資から日本人が受け取った配当や利子など（「投資収益」）と、日本人が外国企業で働いて得た賃金など（「雇用者報酬」）の受取と支払の差額を計上する。

投資収益の例を挙げれば、日本人が外国企業の株式を保有している場合、外国企業から受け取った配当金が、日本の投資収益の受取として計上される。また、日本人が外国の銀行に預金している場合、外国の銀行から日本人が受け取った利子が、日本の投資収益の受取に計上される。逆に、外国人が日本企業の株式を保有したり、日本の銀行に預金をしたりした場合は、外国人に支払った配当金や利子が、日本の投資収益の支払に計上される。

雇用者報酬の例を挙げれば、日本人が外国企業で勤務した場合、外国企業から受け取った賃金は、日本の雇用者報酬の受取に計上される。逆に、日本企業が外国人を雇った場合、日本企業が支払った賃金は、日本の雇用者報酬の支払に計上される。

第二次所得収支には、一般政府の無償援助や国際機関分担金のほか、外国に定住して働く労働者の本国家族への送金（いわゆる**移民送金**）や民間の贈与、損害賠償金、慈善団体等に対する定期的な拠出金などの受取と支払の差額を計上する。

第二次所得収支の例として、日本政府が外国政府に対して食料を無償で提供した場合、提供した食料に相当する金額が日本の支払として計上される。また、外国に住んでいる家族からの日本への送金は、送金された金額が日本の受取として計上される。

③　「所得」の意味と資本移転等収支

さて、第一次、第二次所得収支の内容を説明したところで、「所得」という用語の解説に移ろう。ここでいう「所得」とは、主に、外国から受け取る、もしくは外国に支払う報酬のことである。

報酬は通常、何かを提供した見返りに得られるものである。第一次所得収支

に計上される「所得」がこのような意味での報酬に該当する。第一次所得収支における投資収益とは、資本（生産活動の元手となるお金）を外国人に提供したことで得られる報酬、もしくは外国人から資本を提供されたことで必要となる報酬のことである。また、雇用者報酬とは、労働力を外国人に提供したことで得られる報酬、もしくは外国人から労働力を提供されたことで必要となる報酬のことである。資本と労働力は生産のために不可欠な資源であり、生産要素と呼ばれる。すなわち、第一次所得収支というのは、生産要素提供の見返りに得られた「所得」の収支を意味しているのである。

　しかし、「所得」の中には、何かを提供した見返りとしての報酬ではなく、贈与や送金のように無償で得られるものもある。無償で「所得」を得るのも経済取引の一種であるが、一般的な経済取引とは性格が異なるので、移転と呼んで区別している。すなわち、第二次所得収支には、移転によって生じた「所得」の受取と支払の差額が計上されているのである。

　資本移転等収支は、このような移転の中で、外国政府に対する債務免除や、インフラ（社会資本）整備に対する援助などの受取と支払の差額を計上する、やや特殊な項目である。

1.4　金融収支の内容

　金融収支には、金融取引によって生じた資産の増減と負債の増減の差額が計上される。取引の目的や内容によって、金融収支は直接投資、証券投資、金融派生商品、その他投資、外貨準備の5項目に細かく分けられる。それぞれの項目を説明しながら、資産と負債という用語が何を表しているかについても明らかにしていこう。

　直接投資には、外国企業の支配を目的とした投資を計上する。典型例としては、外国企業のM&A（合併・買収）や海外子会社の設立などによる、一定割合以上（議決権の10%以上）の株式の取得が挙げられる。また、親会社と子会社間の資金貸付や借入も、支配関係に基づくものとみなし、直接投資の計上対象となっている。

　日本企業が外国企業を買収した場合は、日本の資産の増加として、反対に外

国企業が日本企業を買収した場合は、日本の負債の増加として計上される。また、日本企業が買収した企業を再び外国人に売却した場合は、日本の資産の減少として、反対に外国企業が買収した企業を再び日本人に売却した場合は、日本の負債の減少として計上される。

　証券投資には、証券（株式や債券など）への投資のうち、直接投資に分類されないものを計上する。外国企業や政府の発行した証券を日本人が取得した場合は、日本の資産の増加（その後、証券を売却すれば日本の資産の減少）として、反対に日本企業や政府の発行した証券を外国人が取得した場合は、日本の負債の増加（その後、証券を売却すれば日本の負債の減少）として計上される。

　金融派生商品には、オプション取引や先物・先渡取引、通貨スワップや金利スワップといった金融派生商品の取引を計上する。これらの金融取引は、従来の金融取引から派生して生じたものであるためにこの名称がある。なお、「派生」というのは英語のデリバティブ（derivative）の訳であることから、金融派生商品もデリバティブと呼んでいる。

　その他投資には、直接投資や証券投資に分類されない取引が計上されるが、主なものは銀行が相手方となる預金や貸付、借入などの取引である。たとえば、日本人が海外の銀行に預金した場合は、日本の資産の増加（その後、預金を引き出せば日本の資産の減少）として、逆に海外の銀行から日本人が借り入れた場合は、日本の負債の増加（その後、借入を返済すれば日本の負債の減少）として計上される。

　外貨準備とは、政府や中央銀行が国際決済のために保有する資産のことをいう。具体的には、金（お金ではなく貴金属そのもの）や、預金や国債などの形で保有している外国通貨などである。外貨準備の保有額が増えた場合は資産の増加として、減った場合は資産の減少として計上される。なお、外貨準備の取引は資産の増減だけであり、負債側の取引は存在しない。

1.5　経常収支と対外資産、対外負債の関係

　経常収支と金融収支の内容の説明が終わったところで、1.1で確認した(5.1) 式を思い出そう。

$$経常収支 + 資本移転等収支 + 誤差脱漏 = 金融収支 \qquad (5.1)$$

誤差脱漏は調整項目であるし、資本移転等収支は特殊な性格を持ち取引の金額
も小さい。したがって、国際収支分析の初歩では、

$$経常収支 = 金融収支 \qquad (5.2)$$

という関係が基本的に成り立つことを前提として差し支えない。

　（5.2）式からわかることは、経常収支が黒字になれば金融収支も同じだけ黒
字になるということである。もちろん、経常収支が赤字の場合も、金融収支は
同じだけ赤字になる。

　経常収支というのは、先に説明したように、貿易やサービスの収支と、生産
要素提供や移転による所得の収支を合計したものである。経常取引の受取が支
払を上回って経常黒字になれば、（5.2）式の関係から、金融収支も黒字化す
る。金融収支が黒字になるとは、たとえば、金融取引全体で資産の増加が負債
の増加を上回り、対外資産が経常黒字と同じ額だけ増加するような状態であ
る。すなわち、経常収支の黒字や赤字というのは、金融収支を通じて統計作成
国の対外資産や対外負債を変動させるというのが、（5.2）式の意味するところ
なのである。

1.6　経常収支＝金融収支となる理由

　いま、経常収支の黒字や赤字が金融収支を通じて統計作成国の対外資産や対
外負債を変動させることを説明したが、そもそも、なぜ経常収支と金融収支は
等しくなるのであろうか。

　国際経済取引では、通常、ある経常取引が行われると、それに付随した金融
取引が発生する。例を挙げよう。自動車の輸出という国際取引は、①自動車の
売却、すなわち自動車の所有権が居住者から非居住者に移動するという取引
と、②代金の決済、すなわち自動車の代金が非居住者の銀行口座から居住者の
銀行口座に振り込まれるという2つの取引がセットになっている。

　自動車を売り渡す取引は「輸出」として計上され、貿易収支、すなわち経常

収支を黒字化させるが、それだけではなく、代金の口座への入金は、居住者の預金を増加させることになるから「その他投資」の資産の増加として計上される。したがって、金融収支も同額だけ黒字化させるのである。

　このように、取引の具体的な内容（貿易、サービス、所得など）と、代金の決済方法（金融資産、負債の増減）を、同時に、かつ、別々に分けて記録する方法を、**複式計上方式**と呼ぶ。国際収支は複式計上方式を採用しているので、取引が正しく把握されている限り、必然的に経常収支は金融収支と等しくなる。前節で説明した（5.2）式が成り立つのは、偶然ではないのである。

1.7　金融取引と金融収支の関係

　金融収支に関して、もう 1 つ重要な点がある。経常取引と関連のない、金融資産の売買だけで金融収支が変化することはないということである。

　先の例に続ける形で説明しよう。自動車の売却代金を得て銀行預金が増加した輸出業者が、より大きな利益を求めて預金を取り崩し外国の債券を購入したとする。この場合、債券の購入は証券投資の資産の増加に計上され、証券投資収支の黒字額を増加させる。結果として、いったん、金融収支の黒字額が増加する。しかし、同時に債券の購入代金として取り崩された預金が減少するから、その他投資収支の黒字額が減少し、証券投資収支の黒字増加分を相殺してしまう。結局、企業買収や国債購入などといった投資がいくら活発になろうと、最終的に、金融収支が変動することはない。

　換言すれば、金融資産の購入や売却というのは、預金から株式、預金から債券というように、金融資産の形態を変化させているだけに過ぎない。先の例で生じる最終的な金融収支の黒字は、結局、輸出によって生じた当初の経常収支の黒字と変わらない。すなわち、金融収支を最終的に決めるのはその国の経常収支ということになる。

第2節　対外資産負債残高統計の読み方

2.1　統計の基本

　前節において、経常収支の変動が金融収支を通じて一国の対外資産や対外負債を変化させることを説明した。本節では、その対外資産や対外負債の内容を知るための統計について解説しよう。

　ある国の対外資産と対外負債の状況を示す統計のことを、対外資産負債残高という。**表5‒2**に日本の対外資産負債残高を示した。対外資産負債残高の構成項目は、国際収支の金融収支の構成項目に対応しており、資産側は直接投資、証券投資、金融派生商品、その他投資、外貨準備の5項目からなる。一方、負債側は直接投資、証券投資、金融派生商品、その他投資の4項目からなる。1.4で説明したように、国際収支において、外貨準備は資産だけで負債は存在しないので、残高統計の外貨準備にも負債の数値は存在しない。

　対外資産負債残高だけにあって国際収支に存在しないのは、**表5‒2**の右側の一番下にある純資産という項目である。純資産とは資産の合計額から負債の合計額を引いて求められる値で、数値がプラスであれば資産超過（資産＞負債）を、数値がマイナスであれば負債超過（資産＜負債）を意味する。ここでは、国際収支における（5.2）式に相当する基本的な関係として、

表5‒2　日本の対外資産負債残高

(単位：兆円)

	2017年末	2018年末		2017年末	2018年末
資産	1,013.4	1,018.0	負債	684.1	676.5
直接投資	175.1	181.7	直接投資	28.9	30.7
証券投資	463.6	450.8	証券投資	376.7	351.3
金融派生商品	33.9	32.2	金融派生商品	34.0	30.7
その他投資	198.3	213.0	その他投資	244.4	263.8
外貨準備	142.4	140.3	純資産（資産－負債）	329.3	341.6

（注）速報値。四捨五入のため、内訳の合計が全体の数値と合わないことがある。
（出所）財務省「国際収支状況」

$$資産＝負債＋純資産 \qquad (5.3)$$

という関係が成り立つことを覚えておこう。

　なお、資産超過である国のことを**対外純資産国**、負債超過である国のことを**対外純負債国**（あるいは対外純債務国）と称することがあることも付け加えておく。

2.2　国際収支統計との対応関係

　対外資産負債残高がストック統計であることは、1.1で述べた。国際収支と対外資産負債残高は、フローとストックの両面から国際経済取引の状況を把握するためのものであり、両者は一体の関係にある。異なる2つの時点の対外資産負債残高の差額は、本来的にはその間の金融収支を反映している。たとえば、2017年末の純資産が10兆円で、2018年末の純資産が30兆円に増加していた場合、2018年の金融収支は20兆円の黒字であったということになる。

　しかし、表5‐1と表5‐2で確認すると、2018年の日本の金融収支は20.1兆円の黒字であるのに、2018年末の日本の純資産は2017年末よりも12.3兆円（＝341.6兆円‐329.3兆円）しか増加していない。その理由は、対外資産負債残高が時価で評価されているからである。

　残高統計に計上される対外資産・負債は、株式や債券などで構成されており、時々刻々と価格が変動する性質をもつ。また、外貨建の対外資産・負債を日本円に換算する際には、為替相場の変動の影響も受ける。

　日本の場合、対外資産負債残高統計の公表にあわせて、その変動要因も公表されている。2017年末から2018年末の日本の純資産変動額のうち、為替相場変動で23.6兆円減少、価格変動等で15.9兆円増加の影響があったことが公表されている。これを金融収支による20.1兆円の増加分に加えると、20.1兆円‐23.6兆円＋15.9兆円＝12.4兆円となり、純資産の変動額に一致することが理解できよう（0.1兆円のズレは四捨五入の影響による）。

第3節　グローバル・インバランスと国際マネーフロー

3.1　経常収支の国際比較

　国際収支と対外資産負債残高という2つの統計の読み方を説明したところ
で、統計を使うとどのようなことがわかるのかを明らかにしていこう。

　最初に国際収支を取り上げる。分析の目的にもよるが、国際収支を構成する
項目の中で最も重要なものが経常収支であることは、第1節で説明した。IMF
が公開している資料を用いて、2018年における、経常黒字と経常赤字のそれぞ
れ上位5か国を**表5-3**に示した。なお、2018年の順位だけでなく、2000年か
らの5年ごとの推移も示している。

　直近の主な経常黒字国は、ドイツやオランダなどのヨーロッパ諸国、およ
び、日本や韓国などの東アジア諸国、さらにロシアなどである。東アジア諸国
の中では、中国が2000年代半ばから貿易黒字の増加を背景に経常黒字を拡大さ

表5-3　経常黒字と経常赤字の上位5か国（順位は2018年基準）

（単位：億ドル）

		2000年	2005年	2010年	2015年	2018年
経常黒字国	ドイツ	-338	1,317	3,008	3,008	2,899
	日本	1,307	1,701	2,209	1,365	1,747
	ロシア	454	844	675	678	1,135
	オランダ	73	416	618	658	991
	韓国	104	127	289	1,059	764
		2000年	2005年	2010年	2015年	2018年
経常赤字国	アメリカ	-4,035	-7,452	-4,313	-4,078	-4,910
	イギリス	-396	-510	-831	-1,498	-1,231
	インド	-46	-103	-545	-225	-656
	カナダ	185	219	-582	-562	-453
	インドネシア	80	3	51	-175	-306

（出所）IMF, *Balance of Payments Analytic Presentation by country, Balance of Payments and Internatiional Investment Position, BPM6: World and Regional Data Reports*

せてきたが、2016年から縮小傾向に転じた。同国の2018年の経常黒字は491億ドルであり、5位の韓国の6割強にとどまっているため、表5-3には名前が挙がっていない。

　逆に、経常赤字国はアメリカやカナダといった北米、イギリス、そしてインドやインドネシアなどの東南・南アジア諸国などである。中でも、アメリカの2018年の経常赤字は4910億ドルに上り、他国を圧倒していることが理解できよう。また、表には載っていないが、アルゼンチンやメキシコ、ブラジルといった中南米諸国にも経常赤字国が多い。

3.2　対外純資産・純負債の国際比較

　次に、対外資産負債残高を取り上げる。この統計は対外資産と対外負債の状況を知るためのものであり、両者の差額である対外純資産・純負債が最も重要な項目の1つであった。経常収支と同じように、表5-4を用いて、対外純資産・純負債についても、2000年からの5年ごとの推移と、2018年末のプラス（対外純資産国）とマイナス（対外純負債国）上位5か国の状況を比べてみよう。

　対外純資産国には、経常黒字国と同様に、日本とドイツが上位2か国に入っている。また、ここでは中国が3位に入っている。2000年代には、日本の対外純資産は世界的にも群を抜いていたが、10年代に入ってからの経常黒字の減少に伴い、ドイツや中国との差が縮まっていることがわかる。一方で、ロシアとオランダ、韓国は、いずれも対外純資産国ではあるが規模は小さく、代わりに香港と台湾が入っている。

　対外純負債国の首位は、経常赤字と同じくアメリカである。その突出ぶりも経常赤字と同じく他国を圧倒している。アメリカの経常収支は1982年に赤字化して以降、1991年を除いてずっと赤字が継続している。2018年末の9兆5547億ドルあまりに上る対外純負債は、主に、このような過去の経常赤字の蓄積の結果であるといえる。

　2位のスペインは、経常収支は2013年に黒字に転じたが、過去の純負債を大きく減少させるには至っていない。3位のオーストラリアは、表5-3に載っていないとはいえ、2018年の経常赤字は297億ドルであり、306億ドルのインド

表5‐4　対外純資産と対外純負債の上位5か国（順位は2018年基準）

(単位：億ドル)

		2000年	2005年	2010年	2015年	2018年
対外純資産国	日本	11,579	15,318	31,504	27,152	30,804
	ドイツ	316	3,607	8,842	15,351	23,946
	中国	—	3,513	14,783	16,728	21,461
	香港	2,206	4,483	6,651	10,031	12,825
	台湾	—	—	6,360	10,807	12,805
		2000年	2005年	2010年	2015年	2018年
対外純負債国	アメリカ	−15,368	−18,579	−25,118	−74,616	−95,547
	スペイン	−2,106	−6,986	−13,039	−10,431	−11,043
	オーストラリア	−1,960	−3,887	−7,544	−6,737	−7,184
	アイルランド	—	−473	−2,007	−5,569	−6,125
	ブラジル	—	−2,997	−9,062	−3,747	−5,943

(注)「—」は原資料に数値が無いことを示す。
(出所) IMF, *International Investment Position by Country, Balance of Payments and Inter-natiional Investment Position, BPM6: World and Regional Data Reports*

ネシアに迫る水準である。4位のアイルランドおよび5位のブラジルは、近年の経常赤字は縮小しているものの、対外純負債は依然として高水準である。

なお、経常赤字上位国のうち、カナダは対外純資産国である。また、イギリスとインド、インドネシアは対外純負債国であるが規模が小さく、**表5‐4**には名前が挙がっていない。

3.3　グローバル・インバランスとは何か

経常収支や対外純資産がプラスやマイナスに大きく振れる、つまり均衡を欠くと、どのようなことが起きるのだろうか。経常収支が黒字や赤字になるということは、金融収支が黒字や赤字になるということと同じであった。金融収支が黒字になるというのは、国際金融取引の結果、外国に資金を提供している状態であり、赤字になるというのは、外国から資金を提供されている状態である。つまり、経常収支の不均衡は、黒字国から赤字国への世界的な資金の流れ

図 5 - 1　グローバル・インバランス

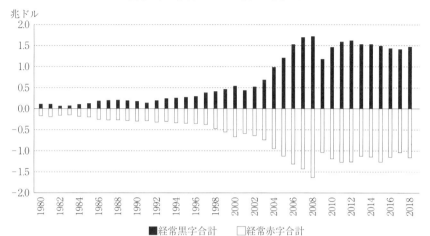

(注)　①データが入手できる国の合計値。②データには一部 IMF の推定値を含んでいる。③経常黒字合計と経常赤字合計の差額は統計上の不一致。
(出所)　IMF, *BPM6: World and Regional Data Reports*

が生じていることを意味するのである。不均衡が大きくなればなるほど、資金の流れの規模が大きくなることも想像できよう。

　では、世界の経常収支不均衡の規模はどのくらいになるのだろうか。図 5 - 1 は、1980年以降の IMF 加盟国の経常黒字と経常赤字をそれぞれ合計したものである。不均衡の規模は90年代までは比較的安定しているが、90年代末から拡大し始め、2000年代に入ると急激に拡大する。そして、2009年に一気に縮小し、その後は再び拡大傾向を見せるものの、2013年頃からは比較的変化が小さくなっている。

　80年代以降現在まで、世界の経常赤字国は120か国以上にのぼるが、大まかにいって、その赤字額の半分程度がアメリカ一国で占められている。一方、黒字国の顔ぶれは2000年代を境に大きく変わっている。90年代までの主な黒字国は日本やドイツなどの先進国であった。それが2000年代に入ると、中国をはじめとする東アジア諸国が主要な黒字地域として台頭してくるようになる。また、資源価格が高騰した2000年代半ばには、中東などの産油国も黒字を拡大し

た。このように、主に2000年代以降、先進国間だけでなく、新興国や途上国を巻き込んで経常収支の不均衡が量的かつ地理的に拡大した状況のことを**グローバル・インバランス**と称している。

3.4　国際マネーフローの姿

　国際収支や対外資産負債残高は、統計作成国の対外的な経済状況を把握するために作成されるものであるが、本節では、その2つの統計を使って、国際的な資金の動きを明らかにすることもできることを説明してきた。これらの統計によって浮かび上がってくる、地球規模の資金の流れを国際マネーフローという。

　図5-2は、今日の国際マネーフローの姿を最も単純な形で描いたものである。マネーフローの方向性を決定づけるのは経常収支＝金融収支であり、マネーフローは対外純資産の増減に帰結する。アメリカを中心に大きな赤字を計上する北米地域から、経常赤字の形で資金が流出し、東アジアやヨーロッパへ経常黒字の形で流入している。そして、流入した資金は金融黒字の形で流出し、北米地域へと環流している。この国際マネーフローによって、北米地域には対外純負債が、東アジアやヨーロッパには対外純資産が形成されている。

　グローバル・インバランスが拡大している現在、国際マネーフローも拡大

図5-2　グローバル・インバランス下の国際マネーフロー

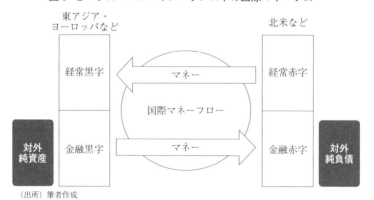

（出所）筆者作成

し、マネーの動きが経済にさまざまな影響を及ぼすようになっている。マネーの動きは複雑であるが、統計を読む技術を身につけることによって、国際金融の大まかな見取り図を描くことができるようになるのである。

第6章

国際マネーフローを支える仕組み

──外国為替、国際決済と国際通貨体制──

■キーワード
　外国為替、外国為替相場、国際通貨、外国為替市場、為替調整取引、為替媒介通貨、
　為替相場制度、基軸通貨、ドル体制、ユーロ体制

　本章では、国際マネーフローを支えている仕組みを説明しよう。マネーフ
ローといっても、そこで流れているのは紙幣や硬貨などの現金ではない。貿易
も対外投資も、外国為替という仕組みを用いて、現金を動かすことなく行われ
ているのである。以下ではまず、国際マネーフローを支える、外国為替と国際
決済の基本的な仕組みを説明し、国際通貨と呼ばれるものの実体を明らかにす
る。次に、外国為替が売買される場である外国為替市場の構造と、外国為替相
場に影響を与える要因を説明する。最後に、現在の国際通貨体制がドルを中心
とするものであることを説明し、その体制を支える構造と、今後の見通しを示
すことにしたい。

第1節　国際決済と国際通貨

1.1　日常生活における決済

　決済というのは、代金の受け渡しによって売買取引を終了させることをい
う。コンビニでチョコレートを買うシーンを想像しよう。これは、自分が買い
手、コンビニが売り手となる売買取引である。この取引は通常、財布の中から
取り出した現金をレジで店員に支払うことで終了し、チョコレートは自分のも

のとなる。言い換えれば、レジで代金を支払うことによって決済が完了したことになる。

　財布から現金を出す、というところで少し戸惑った人がいるかもしれない。最近では電子マネーの普及により、千円札や百円玉といった現金を使わなくても買い物ができるからである。電子マネーを使う場合も、コンビニと自分との間では、「ピッ」と鳴って電子マネーの残高が減少した時に支払いが終わり、チョコレートは自分のものになる。ここまでは現金と変わりがない。

　しかし、電子マネーによる取引はこれでは終わらない。実は、「ピッ」と鳴った時点では、買い手の電子マネーから売り手のコンビニに資金を移動させる指示が行われたに過ぎないからである。電子マネーを用いた取引では、この指示により、資金を買い手の電子マネーからコンビニに移動させることで決済が完了するのである。この移動は通常、買い手の電子マネーとひも付いている銀行口座から、売り手のコンビニの銀行口座へと資金が振り込まれる形で行われる。

　電子マネーを用いることによって、売り手と買い手の間で現金を移動させることなく決済を完了させることができる。現金を使わないことによって、財布が小銭で膨らむことも避けられるし、紛失したとしても電子マネーなら直ちに使用を停止することで、被害を最小限に食い止めることができる。売り手の側も、釣銭を用意したり、日々の売り上げを銀行口座に入金したりする手間を減らすことができる。現金取引がなくなれば、売り手と買い手の享受できるメリットは小さくないのである。

1.2　外国為替による国際決済

　コンビニの店頭のように、売り手と買い手が対面していれば現金決済であってもさほど不便は感じないが、遠隔地であれば現金決済のリスクは飛躍的に増大する。たとえば、現金自体を安全に運ぶリスクや、代金を支払ったが品物が届かないリスクなどである。遠隔地間の交易は古くから行われているが、現金決済のリスクも交易発生の当初から意識され、取引参加者たちは、現金を移動させないで決済を完了させる方法を模索することとなった。

　そうして考え出されたのが為替である。為替とは、現金を移動させないで遠隔地間の決済を行う方法のことである。その本質は、支払の指示と、実際に資金移動を行う機関の存在にある。かつての為替は紙や郵便を使って支払を指示していたが、次第に電信が用いられるようになり、今ではコンピュータの通信ネットワークに取って代わられている。資金を移動させる組織も、かつては主に両替業者であったが、次第に近代的な銀行へと発達した。先ほど例に挙げた電子マネーも、高度に発達してはいるが、本質的には為替であるということができる。

　さて、国境を越える取引が行われる場合には、国内で完結する取引にはなかった問題が生ずる。それは、それぞれの国で使われている通貨が違うということである。国境を越える取引に為替を使うと、取引の間のどこかで２つの国の通貨を交換する必要が生じる。

　異なる国との間でやり取りされる為替のことを**外国為替**（外為とも略す）といい、異なる通貨の交換比率のことを**外国為替相場**という。外国為替相場は通常、１ドル＝100円というような形で表される。そして、１ドル＝100円であった為替相場が、１ドル＝50円の方向に変化することを「円高・ドル安」と表現する。逆に、１ドル＝200円の方向に変化することを「円安・ドル高」と表現する。為替相場は日々の変動のみが関心の的となることが多いが、本来は、外国為替という大きな仕組みの一要素であるということを確認しておこう。

1.3　外国為替取引の流れ

　ここからは、外為取引の基本的なメカニズムを説明しよう。外国為替を使って国際決済を行うには、並為替と逆為替という２つの方法がある。今日の外為取引は、電子化と高速化、大規模化が進んで一般には理解しにくいものとなっているが、本質的にはこの２つのいずれかに分類できる。

　①　並為替

　並為替による国際決済の流れを示したのが、図6-1である。ここでは、東京在住の送金人Ａが、ニューヨーク在住の受取人Ｂに対してドル資金を送ろうとしていると想定しよう。

図 6 - 1　並為替

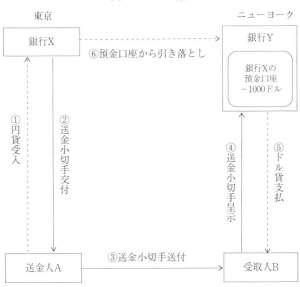

（注）実線は為替手段の流れ、点線は資金の流れを示す。
（出所）筆者作成

　まず、A は東京にある銀行 X に、送金相当額の円を支払い、銀行 X からニューヨークの銀行 Y を支払人とするドル建の送金小切手を受け取る（ドル建というのは、小切手の金額がドルで記載されているという意味である）。たとえば、この日の為替相場が 1 ドル＝100円であって、A の送金額が1000ドルだとすれば、A は10万円を X に支払い、額面に1000ドルと記された送金小切手を受け取る。この例では、この小切手が外国為替の手段となる。次に A は、送金小切手を郵送などの方法で B に送り、小切手を受け取った B はそれを銀行 Y に呈示する。呈示とは、小切手を示して支払いを求めることをいう。小切手を呈示された Y は、1000ドルを B に支払い、A と B との間の取引は完了する。

　最後に、X と Y との間の資金移動が残っている。X は、立替払いの形になっている1000ドルを Y に支払わねばならない。この支払いは、X が Y に開設しているドル建の預金口座を用いて行われる。Y が X の口座から1000ドルを引き落とし、自行の口座に入金したところでこの外為取引は完了する。

②　並為替が用いられる国際取引

　並為替はこのように、為替の手段を送る方向と資金を送る方向が同じ（③と⑥、どちらも東京→ニューヨーク）となる。「並」の名称はこれに由来しており、資金を送るために利用されるものであるから送金為替とも呼ばれる。

　並為替は、国際送金だけでなく、サービス貿易や金融取引の決済にも利用されている。並為替によって顧客には安全確実な決済手段が提供されるが、取引を担う銀行にはさまざまなコストが発生する。小切手の発行コストや銀行間の通信コストのほか、顧客に立替払いした資金が相手銀行から振り込まれるまでの資金運用・調達コストなどである。これらのコストは通常、手数料として顧客に転嫁される。

③　逆為替

　次に、逆為替による国際決済の流れを示したのが、図6‐2である。逆為替は、代金の取立のために用いられる。取立というのは、受け取る側が支払う側から代金を回収する行為のことをいう。図6‐2では、東京の輸出業者Aがニューヨークの輸入業者Bから輸出代金1000ドルを取り立てようとしていると想定しよう。ここでも為替相場は1ドル＝100円とする。

　まず、Aは輸出する貨物の船積を完了すると、船積書類を添えて、ニューヨークの輸入業者Bが1000ドルを支払う旨が記載された外国為替手形を、銀行Xに持ち込む。Aが持ち込んだ、船積書類の付属した手形を荷為替手形という。ここでは、この荷為替手形が外国為替の手段である。また、船積書類とは、貨物を船や飛行機、自動車等に積んだことの証明書や、貨物の中味を示す送り状などからなる書類のことであり、輸入地における貨物の受取に必要な書類になる。

　さて、手形を持ち込まれた銀行Xは、貿易契約書、船積書類等を検査したのち、手形と引き換えに、貨物の代金1000ドルを為替相場で換算した円相当額10万円をAに支払う。次にXは、荷為替手形を銀行Yに送付し、Yは手形をBに呈示し代金1000ドルを取り立てる。Bが代金を支払うと、船積書類を入手できるので、船積書類を運送会社に示して輸入された貨物を受け取る。これでAとBの間の取引は終わる。最後に残っているのはXとYの間の資金移動で

図6-2　逆為替

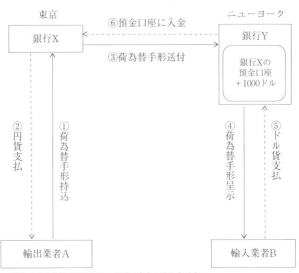

（注）実線は為替手段の流れ、点線は資金の流れを示す。
（出所）筆者作成

あり、XがYに開設している口座に、YがBから取り立てた1000ドルを入金
したところで外為取引が完了する。

④　逆為替が用いられる国際取引

逆為替では、為替の手段の流れる方向（③、東京→ニューヨーク）と資金の流
れる方向（⑥、ニューヨーク→東京）が反対になる。「逆」の名称はこれに由来
しており、取立のために用いられるから取立為替とも呼ばれる。

逆為替は主に、財貿易の決済手段として用いられてきた。荷為替手形を用い
ると、代金を支払わなければ輸入業者は船積書類、すなわち、商品を受け取る
権利が得られないため（図6-2でいえば④と⑤）、商品を送ったが代金が支払わ
れないという輸出業者のリスクが軽減される。また、取引を仲介する銀行が輸
入業者の信用力を補完する制度（代表的なものを「信用状」という）や、貨物の
引渡し時に輸入業者の支払いを猶予する制度もあるため、財貿易の決済手段と
して普及したのである。

ただし、逆為替は、輸入業者からの取立などにかかるコストの分、並為替よ

りも費用がかかる。したがって、相手の信用に問題がない企業内貿易などの場合は、並為替を用いた国際送金で貿易代金を支払うこともある。なお、個人輸入をクレジットカードで決済したような場合も、並為替を用いた国際送金の一種とみなすことができる。

1.4　国際通貨とは何か

　上記の２つの例においては、外為取引はドル建で行われている。ドル建の取引の結果、日本の銀行Ｘがアメリカの銀行Ｙに開設しているドル建預金口座の残高が増減した。つまり、日本とアメリカの間の国際決済の受払は、最終的には、このドル建預金口座の残高の増減に反映される。この預金口座は、いつでも出し入れ可能なもの（一覧払という）でなければならない。**国際通貨**とは、このような、外国の銀行に置かれた外貨建一覧払預金口座の残高のことをいう。

　したがって、外国為替取引を行うためには、あらかじめＸとＹの間に口座の開設や為替手段のやり取りなどに関する契約が結ばれていなくてはならない。この契約をコルレス契約といい、契約によって開設された口座をコルレス口座と呼ぶ。

　国際通貨について重要なことは、取引に使用される通貨の決済は、最終的には、その通貨が発行されている国の銀行口座で行われるということである。日米間の国際取引の場合、ドル建取引であれば、最終的な決済はアメリカに所在する銀行の預金口座で行われるが、円建取引の場合は日本に所在する銀行の預金口座で行われる。日本とドイツの場合であれば、ユーロ建取引はドイツ（もしくはほかのユーロ導入国）の銀行口座で決済されるが、円建取引は日本の銀行の口座で決済される。

　現在、世界的には、貿易や金融取引はドル建のものが最も多い。このことは、国際決済の多くが、アメリカにある銀行に置かれている、世界各国の銀行名義のドル建一覧払預金口座の振替によって行われていることを、意味している。

第 2 節　外国為替市場と外国為替相場

2.1　外国為替取引の現状

　現在、世界の外為取引の規模は、財貿易やサービス貿易の規模を大きく上回っている。世界の**外国為替市場**の取引額は、2019年 4 月の 1 日あたり平均額で 6 兆5900億ドル（約700兆円）に達する。これに対し、2019年の世界の財輸出額の合計は 1 年間で18兆8888億ドル（約2000兆円）に過ぎない。まさに桁が違うことが理解できよう。

　外国為替が売買されている場を外国為替市場という。外国為替の場合、「市場」といっても特定の取引所を通して売買されているわけではなく、売買当事者の間で直接に取引を行っている。それぞれの国の外為市場では取引可能な時間がある程度決まっているが、外為市場は世界各国に存在するため、海外取引を行えば実質的には24時間取引が可能である。時差の関係から、アジア・オセアニア、ヨーロッパ、アメリカの順で世界の主要市場はオープンし、クローズする。

　世界の外為取引の中心地はイギリスであり、43.1％のシェアを占める。次いでアメリカ、シンガポール、香港、日本の順になる。この 5 か国で世界の外為取引の 8 割近くを占めている。最も多く取引されている通貨はドルであり、全体の取引の88.3％はドルと他通貨との売買である。次いでユーロ、円、ポンド、オーストラリアドルの順に多く取引されている。

　外為取引の 9 割以上は金融機関同士の取引である。金融機関の取引の約 4 割は、多額の為替取引を行う大手銀行によるものである。それ以外には、比較的規模の小さな銀行や、機関投資家（年金基金、投資信託など）、ヘッジファンドなどがある。金融機関以外の企業や貿易業者等を相手とする実需取引は、全体の 1 割にも満たない（2019年 4 月時点）。

　まとめると、現在の外為取引は、イギリスやアメリカ、次いで東アジアを主な舞台として、銀行を中心とする金融機関同士で、ドルを相手とした売買（たとえば、ドル売・ユーロ買やドル買・円売など）を中心に行われている、という姿

が浮かび上がってくる。

2.2　外国為替市場の構造

　図6‑3に示すように、外国為替市場は銀行間市場と対顧客市場の二層に分かれている。主に銀行同士が売買を行うのが前者であり、銀行と機関投資家や貿易業者、個人が売買を行うのが後者である。外為取引の中核となり、為替相場を形成するのは銀行間市場である。銀行間市場には、銀行だけでなく、取引を媒介するブローカーや、中央銀行などの通貨当局も参加している。

　2.1で触れたように、現在の外国為替取引は、実需からはかけ離れて拡大している。では、どうして実需と関連のない取引が増えるのであろうか。この疑問に答えるために、銀行同士で外為取引が行われる理由を説明しよう。

　送金や取立のための為替は、まず銀行と顧客との間で売買される（図6‑1、6‑2の①と②）。しかし、銀行は顧客から買い取った為替をそのままにしておくわけではない。なぜなら、顧客にドルや円を売った銀行は、減少したドルや円（これを為替資金という）を補充しておかなければ、次の顧客の要求に応えることができないからである。また、顧客との売買によって銀行は、為替相場の変動による利益または損失（これを為替リスクという）にさらされる。

　たとえば、顧客から1ドル＝100円でドルを買い取った後で、為替相場が1ドル＝90円になれば、保有しているドルに対し1ドルあたり10円の損失が生ずることになる。このように、外貨が売りもしくは買いどちらかに偏り、為替リスクにさらされている状況を、持高（ポジション）が生じているといい、売りに偏っている場合は売持、買いに偏っている場合は買持と呼ぶ。この例のように、顧客からドルを買い取った銀行は、ドルの買持になっている。

　ここでもし、ドルの売持になっている銀行が、ドルの買持になっている銀行に円を売ってドルを買い取ることによって持高がなくなれば、両方の銀行で為替資金不足と為替リスクの両方が解消する。このような取引を**為替調整取引**という。

　銀行間で持高をなくす為替調整取引は、基本的にはその日のうちに行われる。というのは、円・ドル相場が100円から1円変化すれば、年率では300%近

図6-3　外国為替市場の構造

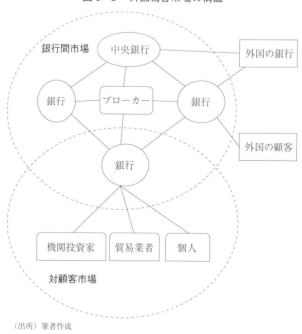

中央銀行

銀行間市場

外国の銀行

銀行　　ブローカー　　銀行

外国の顧客

銀行

機関投資家　貿易業者　個人

対顧客市場

（出所）筆者作成

　い損失を出すことになり、銀行はそれに耐えられないからである。

　　持高をすばやく解消するためには、売買したい通貨の組み合わせと金額に見
　合う取引相手をいち早く見つけることが必要になる。そして為替調整取引の過
　程で短期的な資金調達を組み合わせることによって、銀行は金利差益を獲得す
　ることもできる（金利裁定取引）。また、為替相場が変動すれば、持高を基本的
　に発生させないようにしながら、銀行間で外貨を安く買って高く売ることで売
　買差益を獲得することができる（ディーリング）。

　　今日、外国為替の取引の大部分が銀行間取引であり、その規模が実需による
　取引を大きく上回るのは、このように、為替調整取引や金利裁定取引、ディー
　リングが活発に行われているからである。

2.3　外国為替相場の種類

　外国為替市場の二層構造は、商品流通における卸売市場と小売市場になぞらえることができる。卸売市場に相当するのが銀行間市場であり、小売市場に相当するのが対顧客市場である。そして、商品の卸売価格に相当するのが銀行間相場で、小売価格に相当するのが対顧客相場である。

　銀行間相場は、為替の需要と供給を反映して時々刻々と変化する。ドルの供給が増えれば円高・ドル安へ、ドルの需要が増えれば円安・ドル高方向へ相場が動くことになる。銀行間相場は取引の都度、当事者間で決定され、これらの取引の全体的な状況を取りまとめた為替相場の水準が、「１ドル＝100円80銭から81銭」というような形で市場参加者に提供されている。これは、有力な銀行が、他の銀行からドルを買う相場として100円80銭を出しており、他の銀行に対してドルを売る相場として100円81銭を出しているという意味である。したがって、実際には100円80銭、あるいは100円81銭で銀行間の為替取引が行われている。

　一方、対顧客相場は、当日10時頃の銀行間相場を基準に決められた相場が、原則としてその日の営業時間中適用される。対顧客相場の特徴は、銀行の手数料などが上乗せされるため、売相場と買相場の２種類が存在することである。売相場は、銀行が顧客に外貨を売るときの相場のことをいい、買相場は銀行が顧客から外貨を買うときの相場のことをいう。たとえば、基準となる相場が１ドル＝100円で、銀行の手数料などを１円とすると、ドルの売相場は１ドル＝101円、買相場は１ドル＝99円となる。

　次節の3.1で説明するように、顧客の国際取引はさまざまな通貨で行われるから、銀行の対顧客為替相場もさまざまな通貨に対して設定されている。しかし、銀行間相場があるのはドルとユーロだけである。なぜそうなるのかは、3.2で説明しよう。

2.4　外国為替相場の決まり方

　為替相場が、銀行間市場における為替の需要と供給で決まることは、2.3で述べた通りである。為替の需要と供給を決めるのは、銀行の持高の状況であ

る。ドルの買持になる銀行が多くなれば、持高の解消のためのドル売りが多くなってドル相場が下がるし、売持になる銀行が多くなれば、ドル買いが多くなってドル相場は上がることになる。

2.2で説明したように、銀行間の外為取引は、持高を発生させないように行われるから、為替相場の動向を規定するのは、要するに顧客の国際取引の動向ということになる。具体的には、財貿易やサービス貿易、所得の受払といった、国際収支における経常取引のほか、企業の直接投資や機関投資家による証券投資といった、非銀行部門の金融取引である。

経常収支が黒字になれば、一般的には、財やサービスの対価として流入する外貨により、銀行に外貨の買持が形成され、自国通貨高・外国通貨安の要因となる。非銀行部門の対外投資は、逆に、対外資産を購入するための外貨の需要が増えることを意味するから、銀行に外貨の売持が形成され、自国通貨安・外国通貨高の要因となる。

しかし、経常取引や非銀行部門の金融取引の全額が、その国の外国為替市場に流入することはない。それらの取引の中には、通貨交換の発生しない取引も存在するからである。したがって、国際収支の動向と為替相場が完全に連動するわけではない。

日々の為替相場を左右するのは、銀行間市場に参加している銀行の行動であり、それは短期的な政治経済情勢に大きく影響される。経済統計の公表や、政府や通貨当局の要人発言、あるいは突発的なニュースによって為替相場が動くことは珍しくない。仮に、アメリカと中国の貿易交渉が決着したことが市場に伝われば、銀行間市場でドルを高く売ろうとする銀行が出てくるかもしれない。アメリカの失業率上昇が伝われば、逆に、ドルを安く売ろうとする銀行が出てくるかもしれない。

しかし、ここでも重要なのは、銀行は基本的に持高をもたないことである。ディーリングによって一時的にドルを売ったとしても、基本的にはその日のうちに買い戻す必要が生じるからである。為替相場の長期的な動向を決めるのはやはり、顧客との取引によって生じる持高と、それを解消するための為替調整取引であるといえよう。

2.5　購買力平価

　これまで、実際に為替相場を動かす要因について説明してきたが、為替相場の「あるべき水準」を決める上で有力な考え方の１つである、購買 力 平価について説明しておこう。

　購買力平価とは、最も基本的には、２つの通貨の交換比率は、双方の購買力を等しくする水準に決定される、という考え方である。たとえば、日本とアメリカで、大きさも重さも味もまったく同じリンゴが売られていて、日本では200円、アメリカでは２ドルであったとする。まったく同じリンゴは日米で同じ値段が付くと考えれば、２つの通貨の購買力が等しい２ドル＝200円、すなわち１ドル＝100円が購買力平価ということになる。

　かなり長期的に見れば、為替相場と購買力平価は同様の動きをする、ということが実証的に知られている。したがって、為替相場が購買力平価と大きく離れれば、いずれは購買力平価に向かって修正される可能性はある。ただし、いつ、どの程度まで修正されるかはわからない。現実の為替相場の動きを購買力平価で説明するには限界がある、といえよう。

第３節　国際通貨の機能と基軸通貨

3.1　貿易や対外投資に用いられる通貨

　国際通貨の実体は、外国の銀行に置かれた外貨建一覧払預金口座の残高であることを第１節で説明した。貿易や対外投資といった国際取引では、取引の目的に応じた通貨が選択され、決済に用いられる。

　国際取引に用いられる通貨について、まず、比較的詳細なデータが得られる財貿易から確認しよう。2018年上半期において、日本の輸出の49.2％、輸入の68.5％はドル建で取引されている。次いで、円建が輸出の37.3％、輸入の24.6％を占め、ドルと円でおよそ９割の貿易が行われていることになる。これ以外にもユーロ、中国人民元、オーストラリアドル、タイバーツ建などの貿易も行われているが、その割合はわずかである。1970年代には、日本の円建輸出の比率は18％で、円建輸入の比率は１％に過ぎなかったが、輸出を中心に円建貿易

比率が上昇している。

　西ヨーロッパ諸国になると、自国通貨建の貿易比率はさらに大きく、輸出でおおむね半分強、輸入で半分弱程度が自国通貨建である。アメリカも自国通貨であるドル建がほとんどであるが、それでも1割程度は他通貨で貿易が行われている。先進国の貿易は、特に輸出に関しては、自国通貨建で取引されるケースが少なくない。一方、中所得国や発展途上国では、ユーロ建が多い中東欧諸国の一部を除き、ドル建取引が大半を占める。

　次に、対外投資に用いられる通貨については、日本のデータで確認すると、証券投資における資産の取得（購入等）・処分（売却等）ともに最も大きいのがユーロ建で、それぞれ43.0％と43.9％を占める。次いでドル建がそれぞれ34.6％と35.7％であり、この2通貨で全体の約8割の投資が行われている。日本の対外投資は、以前はドル建がほとんどを占めていたが、現在はユーロ建の投資が多くなってきた。また、円、ポンド、オーストラリアドル建による証券投資も、割合は小さいが行われている。

　以上、貿易や対外投資においては、ドルとユーロの利用が大きいが、それ以外にもさまざまな通貨が用いられていることが理解できよう。決して、ドルやユーロだけで、すべての国際経済取引が行われているわけではないのである。

3.2　為替媒介通貨

　ここで、外国為替市場の構造を思い出そう。国際経済取引がさまざまな通貨で行われているということは、対顧客市場では自国通貨とさまざまな国の通貨の売買が行われていることになる。しかし、2.1で見たように、銀行間取引になるとなぜドルと他通貨との取引がほとんどになってしまうのだろうか。

　たとえば、日本市場において、貿易業者から韓国ウォンを買い取った結果、ウォンの買持が生じた銀行があるとしよう。銀行は、ウォンを売って円を買うことでこの買持を解消できるが、それにはウォンの売持をもっている銀行が必要である。しかし、日本の企業や金融機関が、貿易や金融取引でウォンを利用することはかなり少ないので、ウォンの一定額に上る売持・買持をもつ銀行はほとんどなく、日本の銀行を相手にウォンを売って円を買うことは難しい。

　一方、韓国の企業や金融機関はドル建の国際取引を行っているので、韓国の銀行にはドルの売持や買持が生じる。したがって、韓国の銀行間ではドルとウォンの取引が活発になる。そこで、日本の銀行は、韓国やアメリカの外国為替市場に参加して、とりあえずドルを買ってウォンを売ればウォンの買持は解消できる。

　次はドルの買持の解消が必要になるが、ドルと円の交換相手なら日本市場で容易に見つかるので、ドルの買持の解消は容易である。つまり、本来必要であったウォン売り・円買いという為替調整取引を、ウォン売り・ドル買い＋ドル売り・円買いという形で、ドルを媒介にして実行したのである。

　このように、銀行間外国為替市場において、通貨交換の仲立ちとなる通貨（上記の例でのドル）のことを**為替媒介通貨**という。ある通貨が為替媒介通貨としての地位を得るには、国際通貨として貿易や対外投資に幅広く利用される必要がある。ドルは1960年代頃から、ポンドにかわって石油などの一次産品の取引通貨として使用されるようになり、かつ、ドルの国際的な運用市場も成長したことで、為替媒介通貨としての役割を果たすようになった。外国為替市場におけるドルの地位は、エネルギーや資源の取引からも影響を受けているのである。

　ドルは、しばらくの間は唯一の為替媒介通貨であったが、1980年代末以降、ヨーロッパの外国為替市場でドイツマルクが為替媒介通貨として機能しはじめるようになった。そして、1999年、欧州連合（EU）加盟国の一部で導入されたユーロが、マルクの地位を引き継ぎ、現在に至っている。2.3で述べたように、各国の銀行間相場がドルとユーロに対してのみ建てられているのも、両通貨のみが銀行間外国為替市場で為替媒介通貨として機能しているからなのである。

3.3　為替相場制度

　為替相場に関する取り決めや政策のことを、**為替相場制度**という。為替相場制度は一般的に、為替相場の自由な変動を許す変動相場制と、変動幅を一定に抑制する固定相場制とに分けられる。ただし、変動相場制であっても変動幅を一定に管理している国や、逆に、固定相場制であっても比較的広い変動幅を許

容している国がある。また、公式に宣言している制度と実態が異なっているような国もある。

　変動相場制のもとでは、取引参加者は為替リスクにさらされざるをえないから、そのリスクのない固定相場制のほうがメリットが大きいように感じられる。しかし、為替相場は本来、国際取引の状況を反映した自国通貨と他国通貨の需要と供給の変化に応じて、変動するものである。固定相場制とは、その変動を人為的に管理しようとする制度にほかならない。固定相場制を導入している国においては、取引当事者は為替リスクを免れることはできるが、引き換えに、為替相場維持のコストを社会全体で負担せざるをえないことになる。

　現在では、変動幅の固定は、主に通貨当局による為替市場への介入を通じて実行されている。ただし、国際取引を規制している国では、外国為替市場そのものが存在せず、通貨当局があらかじめ定めた為替相場で、許可された者にしか通貨の交換を認めないこともある。さらに、ある国で自国通貨の価値がきわめて不安定となり、その国の中でさえ自国通貨よりもドルやユーロの利用が広まることで、事実上、通貨の交換が不要になってしまっているような国もある（ドルやユーロといった外貨によって自国通貨が取って代わられることを、「ドル化」あるいは「ユーロ化」と呼ぶ）。

　各国が採用している為替相場制度について、完全な変動相場制を採用している国は31か国である。それ以外の国は何らかの形で、為替相場を管理あるいはほぼ完全に固定している（2018年4月時点）。完全な変動相場制を採用しているのは日本やアメリカ、ユーロ導入国（2019年9月時点で、ドイツやフランスなど19か国）、イギリスなどの先進国が中心である。これらの国の国際取引の規模が大きいことから、世界的にも完全な変動相場制が中心であると思われることがあるが、数の上ではむしろ少数派なのである。

3.4　基準通貨、介入通貨、準備通貨

　基準通貨とは、各国の為替相場の基準となり、為替相場制度において重要な地位にある通貨のことである。日本の基準通貨はドルであり、基準相場である対ドル相場を基準にして、他通貨の為替相場が決められる。民間の為替取引だ

けでなく、公的取引や行政運営でもドル相場が基準として用いられる。日本以外の多くの国でもドルが基準通貨であるが、ヨーロッパにおいてはユーロを基準通貨としている国が多い。

　外国為替市場の存在する国において、固定相場制を採用する際の変動幅の固定は、銀行間為替市場への市場介入によって実施される。たとえば、貿易赤字が拡大し、輸入決済に必要なドルの需要が高まってドル高・自国通貨安が一定以上に進行すると、通貨当局が銀行に対してドル売り・自国通貨買いを行う、というような形で市場介入は実施される。

　外貨売り介入を行うためには、通貨当局はあらかじめ、外貨準備として外貨を保有しておかなければならない。外貨売り介入が続けば保有している外貨は減少していくので、介入には限界がある。自国通貨の下落が加速して保有外貨が底をつけば、介入できなくなって基準相場を切り下げなければならないし、それでも下落を食い止められなければ、固定相場制そのものを放棄せざるをえなくなる。

　逆に、自国通貨の上昇を抑制するためには、外貨買い・自国通貨売りの介入が行われる。この場合、買い取った外貨は外貨準備を増加させるが、銀行に売り渡した自国通貨は通貨供給量を増やすことになるので、放置すれば物価を上昇させる圧力となる。この物価上昇は、社会全体に負の影響を及ぼすこともある。

　ところで、基準相場を一定の幅に維持するための市場介入に用いる通貨を介入通貨といい、外貨売り介入のためにあらかじめ保有しておく通貨を準備通貨という。固定相場制をとる国においては、基準通貨と介入通貨、準備通貨は基本的に同一であり、ドルもしくはユーロであることが多い。ただ、国によっては、基準相場が複数通貨の加重平均（バスケット制という）で決定されていることもある。

　世界各国が保有する外貨準備の通貨別比率は、ドル60.9％、ユーロ20.6％、円5.7％、ポンド4.6％、人民元1.9％、カナダドル1.9％、オーストラリアドル1.7％、スイスフラン0.2％、その他2.5％となっている（2019年末時点）。準備通貨においてはドルの地位が圧倒的であり、ユーロがそれに次ぐ。両通貨の地位が抜きん出ていることが理解できよう。

3.5　国際通貨体制と基軸通貨

基軸通貨とは、国際通貨の中で中心的な役割を果たしている通貨のことである。具体的には、外国為替市場において為替媒介通貨として機能し、かつ、各国の為替相場制度における基準通貨、介入通貨、準備通貨として機能している通貨である。

現在、世界の大部分の地域における基軸通貨はドルであり、ヨーロッパに限定すればユーロが基軸通貨としての役割を果たしている。この意味で、現在の国際通貨体制は、**ドル体制**と**ユーロ体制**から構成されている。

ドルは、1945年に発足したIMFにおいて、基準通貨としての地位が協定に規定されていたが、1958年までは第二次世界大戦からの復興を理由として、主要国は自国通貨とドルとの自由な交換を認めていなかった。そのため、1960年代まで、ドルは為替媒介通貨としては機能しなかった。その後、ドルが基軸通貨の地位を獲得するにあたっては、ドル建の国際取引の増加と国際的なドル運用市場の成立が大きく寄与したが、その前提として、通貨の交換を含む為替取引の自由化が必要だったのである。

第5章で説明したように、現在の国際マネーフローは主に、アメリカの巨額の経常収支赤字によって同国から流出した資金が、同国に金融収支赤字として還流する形で形成されている。したがって、アメリカが経常赤字を継続する以上、アメリカに対して投資を行う主体が存在しなければ、ドル体制の継続には懸念が生じる。

アメリカに対する投資は、民間の直接投資や証券投資だけでなく、外貨準備としてドルを保有するという形態もある。むしろ、外貨準備はその国の通貨体制と密接に関わるため、ある程度長期的・固定的に保有されることが多く、ドル体制の維持という観点からは民間投資よりも大きな意味をもっているということもできる。

1980年代から90年代は、アメリカへの資金還流の中心ルートは、日本を中心とした先進国による対米投資であった（ジャパンマネーの時代）。2000年代に入ると、原油価格の上昇を反映して中東諸国の対米投資が増大し、さらに、貿易黒字拡大と為替政策によりドル建外貨準備を増大させた中国が、対米資金還流

の主役となった（オイルマネーとチャイナマネーの時代）。このように、国際マネーフローを詳細に分析すれば、ドル体制を支える構造を明らかにすることができるのである。

3.6　国際通貨体制のゆくえ

　ユーロがドルに代わる、あるいはそれと並ぶ、世界的な基軸通貨になる可能性はあるのだろうか。ドル体制とユーロ体制を比較することで考えてみよう。

　まず、地理的範囲において、ドル体制は北米や中南米だけでなくアジア太平洋、アフリカ、ロシアなど世界的に広がっているが、ユーロ体制はEU加盟国およびその周辺地域に限られる。ユーロはドルに比肩しうるような存在にはなりえていない、地域的な基軸通貨であるといえる。

　次に、ユーロの基軸通貨としての地位そのものが、ドルの存在を基盤にしている部分が少なくない。ヨーロッパ各国の企業は、ユーロを中心としながらも、ドル建の財貿易・サービス貿易も行っている。国際的な資金調達についても、まだ相当の部分がドル建である。世界の銀行間外国為替市場において、ユーロは為替媒介通貨として利用されるようになっているが、その地位はまだドルには及んでいない。現在のユーロ体制は、ドル体制と排他的、対抗的なものではなく、ドル体制を代替できるようなものではない。

　国際通貨体制の将来に関して、中国がGDPや貿易額で国際的な地位を高めていることから、人民元の国際通貨化が注目されることも多い。しかし、中国政府は未だ、人民元の国際的な利用にさまざまな制限を課しており、本格的な国際通貨化はあまり進んでいないのが現状である。外国為替市場において、人民元を売買の一方とする取引の比率は4.3％であり（2019年4月時点）、各国の外貨準備に占める人民元の比率も1.9％にとどまる（3.4参照）。人民元の為替媒介通貨化や基軸通貨化は、まだ見通せる状況にない。

　このように、さまざまなチャレンジを受けてはいるが、ドルを中心とする国際通貨体制は、かなりの期間続く可能性が高いと考えられる。

第**7**章

地球経済の中の途上国

――貧困削減と経済成長はどのように進むのか――

■キーワード
  購買力平価（PPP）、中所得国の罠、ペティ＝クラークの法則、偽装失業、絶対的貧困、持続可能な開発目標（SDGs）、ベーシック・ニーズ（BN）、ケイパビリティ（潜在能力）、人間開発指数（HDI）、全要素生産性（TFP）

　第7章では、この地球上で圧倒的な多数派である途上国の経済を学ぶ。第1節では、多様な途上国の状況や、先進国と途上国の違いを知る。また、途上国の経済成長の過程で、生産・仕事・社会がどう変わるのかを学ぶ。第2節では、貧困とは何か、貧困でないとはどういうことなのかを、人の生活に即して考える。第3節では、貧困削減に貢献する経済成長について理解した上で、今日の途上国の経済成長の特徴に迫ろう。

第1節　途上国の所得水準とその生産・就業構造

1.1　途上国の所得水準と中所得国の罠

　途上国とは、どのような国だろうか。

　世界銀行（世銀）は、世界の218か国・地域（以下、「国・地域」でも「国」と記すことがある）を、年間の1人あたり国民総所得（GNI）で4つに大別している。すなわち、①低所得国（1005ドル以下：31か国）、②下位中所得国（1006〜3955ドル：53か国）、③上位中所得国（3956〜1万2235ドル：56か国）、④高所得国（1万2235ドル超：78か国）、である（2016年）。ただし、この218か国・地域には、

25の国連非加盟国・地域が含まれている。うち22は④の高所得国なのだが、この22の中で独自の経済主体といえるのは香港・台湾・マカオ・プエルトリコの４つであり、残る18は独自の経済主体とはいえない。したがって、④の高所得国は、事実上60か国・地域ということになる。

　さて、①の低所得国の平均所得は612ドルしかなく、ここに6.6億人（世界人口の９％）が住んでいる。②の下位中所得国の平均所得は2079ドルであり、30.1億人（同40％）がここで暮らしている。③の上位中所得国の平均所得は8202ドルとなっていて、ここで25.8億人（同35％）が生活している。最も恵まれた④の高所得国の平均所得は４万1046ドルに達しているが、ここに住むのは11.9億人（同16％）に過ぎない。つまり、世界の８割以上の人々が低・中所得国に暮らしており、しかも①の低所得国と②の下位中所得国だけで約半分を占めている。

　ところで、①と④の平均所得は、67倍もの差があるが、途上国では物価が安いので、実際の生活格差はこれほど大きくはない。この国ごとの物価水準の違いを加味した為替レート（各国の通貨による購買力を算出したもの）を**購買力平価**（**PPP**）といい、このPPPで表される所得が、人々の生活水準の実態をより正確に表している。そこで、①〜④の平均所得をPPPで見ると、①の低所得国で1646ドル、②の下位中所得国で6767ドル、③の上位中所得国で１万6553ドル、④の高所得国は４万6965ドルとなる。つまり、①と④の平均的な生活水準の格差は、約30倍ということになる。

　では、世界各国は、この①〜④の４区分をどのように移動してきたのだろうか。**表7−1**には、1987年と2016年の各時点での所得区分別の国数が示されている（対象は、両時点のデータの揃う164か国）。このうち、1987年に低・中所得国だった①〜③の123か国は、30年後にどうなったか？　⑴56か国（46％）は、区分が変わらなかった。⑵65か国（53％）は、より上位の区分に移行できたが、大半は１段階の昇格であり、２段階昇格した国は６か国に過ぎない。⑶下位の区分に降格した国は、２か国（２％）のみである。

　このように、低・中所得国の中でも、なぜある国は順調に成長しているのに、別の国がそうではないのかは、大きな論点である。また、順調に成長して

表 7 - 1　所得区分ごとの国数（1987年と2016年）

		2016年			
		①低所得国	②下位中所得国	③上位中所得国	④高所得国
1987年	①低所得国	26	19	4	0
	②下位中所得国	2	19	23	2
	③上位中所得国	0	0	11	17
	④高所得国	0	0	1	40

（出所）World Bank, *World Bank Analytical Classifications*

いる国でも、その成長速度には違いがある。2段階昇格した国は高成長の国といえるが、その1つが中国である（①から③へ）。ここから、中国の経済成長は世界的に特異なものだ、とわかる（→第10章）。

　他方で、低所得国に長期間とどまり続けている国もある。また、低所得国からは脱しているものの、中所得国に長期間とどまっている国もあり、こうした国は**中所得国の罠**にはまっている可能性がある。途上国が経済成長をしていく上では、どのようにして低所得国から脱し、いかにして中所得国の罠を回避するのかが、大きな課題なのである。

1.2　先進国と途上国の違い

　では、高所得国になれば先進国の仲間入りをした、といえるのだろうか。国際通貨基金（IMF）は、世界192か国・地域を、39の先進国と153の新興国・途上国に大別している（香港・台湾・マカオ・プエルトリコは前者）。ここから、上記④の高所得国（事実上、60か国）ではあるものの先進国ではない国が、21か国あることがわかる。この21か国の多くは、鉱物資源（特に石油・天然ガス）か、島嶼国ならではの観光資源に依存した人口小国である。要は、人口が少ないので、流入する外貨のおかげで1人あたり所得が押し上げられているだけの話であり、これは一定以上の人口を抱えた国では成り立たない論理である。

　IMF によれば、先進国と新興国・途上国とを分ける基準は、(1)1人あたり所得水準、(2)輸出品の多様化、(3)国際金融システムへの統合、の3つである。問題は(2)で、これは工業化と深く関連している。というのも、工業化に成功す

れば、輸出品はおのずと多様化するからである。また、工業化に成功すれば、港湾・鉄道・電力などの社会インフラの整備も、自国企業や自国人材によって可能になる。だが工業化に成功していない産油・ガス国では、高所得国ではあっても工業製品の生産が振るわないのみならず、社会インフラの整備も外国企業や外国人頼みのことが多い。つまりIMFの定義からは、「工業化も社会インフラの整備も自前でなしえないようでは、先進国とは呼べない」という考え方が垣間見えるのである。そして、この先進国の対概念が新興国・途上国であるから、途上国とは、「工業化を十分に達成できておらず所得水準が低い国である」、ととらえられよう。

1.3　生産・就業構造の変動

　次に、経済成長によって一国の生産構造と就業構造がどのように変わるのかを、考えよう（**表7‒2**）。まず、生産構造として国内総生産（GDP）の部門別構成を見ると、経済成長の過程で、一般的に以下のような変化が生じることがわかる。

　(1)所得水準が低い段階では、農業とサービス業他の占める割合が高く、工業の割合は低い。ちなみに、この段階での途上国に特徴的なサービス業としては、露天商や行商、バイクタクシーといった都市での雑業がある。(2)所得水準が上昇する過程で、農業の割合が低下し、まず工業の割合が高まる。これが、工業化の開始・進展である。なぜ所得水準の上昇の過程で、工業の割合が高まり、農業の割合が低下するのか？　それは、工業部門では新製品が続々と生まれる（農業部門ではこのようなことはない）ほか、所得水準の上昇につれて、工業製品の需要はめざましく増加する一方で、農産品の需要が激増することはないからである。(3)所得水準がさらに上昇すると、農業の割合はさらに低下し、工業の割合も現状維持か徐々に低下する一方で、サービス業他の割合が上昇する。この段階でのサービス業を特徴付けるのは、小売、金融、通信といった近代的なサービス業である。このように、所得の伸びに伴って、GDPの部門別構成のメインが農業→工業→サービス業と移行していくことは、**ペティ＝クラークの法則**と呼ばれており、欧米の先進国もかつて経験してきた変化である。

表7‒2　途上国の生産構造と就業構造

		GDP の部門別構成（%）				就業人口の部門別構成（%）			
		1965年	1980年	1995年	2010年	1965年	1980年	1995年	2010年
タンザニア （700ドル）	農業	46	54	47	32	92	86	84	69
	工業	14	13	14	22	3	5	4	4
	サービス業他	40	33	38	46	6	10	12	27
インド （1,220ドル）	農業	41	35	26	19	73	70	61	51
	工業	20	24	27	32	12	13	16	22
	サービス業他	39	40	46	49	15	17	22	27
中国 （4,340ドル）	農業	38	30	20	10	81	74	49	37
	工業	35	48	47	46	8	14	21	29
	サービス業他	27	22	34	44	11	12	12	35
ブラジル （9,650ドル）	農業	19	11	6	5	49	31	26	17
	工業	34	44	28	27	20	27	20	22
	サービス業他	48	45	67	68	31	42	54	61
韓国 （21,320ドル）	農業	39	15	6	2	55	34	12	7
	工業	21	34	38	38	15	29	33	22
	サービス業他	39	51	56	59	30	37	54	69

（注1）国名の下の数値は、2010年時点での1人あたり GNI。
（注2）1995年と2010年の就業人口のデータについては、その直近年の数値で代用した国がある。
（出所）World Bank, *World Development Report* および *World Development Indicators*

　また、就業人口の部門別構成を見ると、工業化が始まる前には、農業の就業者比率が圧倒的に高く、その割合は時に8割以上に達していることがわかる。しかしこの割合は、所得の上昇や農業の生産性の向上（後述）を背景に低下し、代わりに工業やサービス業他の就業者の割合が上昇していく。

　さらに、一国の GDP の部門別構成と就業人口の部門別構成とを、同じ年で比較すると、どの国のどの時代でも、農業では GDP の割合よりも就業人口の割合のほうが高い。つまり、農業部門は、GDP に占める付加価値額の割に、就業者数を多く抱えがちなのである。このことから、農業部門の1人あたり所得は他部門よりも低く、したがって貧困は都市部よりも農村部で深刻だ、とい

うことがわかるだろう。他方で、工業は、就業者数の割に GDP に占める付加
価値額の割合が大きい。このことからも、一国の経済成長にとっての工業化の
重要さがわかるだろう。また、工業部門が大きいほど一国の所得水準の上昇に
とっては好都合だが、その製品の国内需要には限度がある。そこで、製品の需
要を海外に求める、つまり工業製品を積極的に輸出することで所得を伸ばそう
という発展戦略が、出てくることになる。これが、輸出志向工業化（→第8章）
である。

1.4　経済成長による変化

　さて、こうした生産・就業構造の移行は、前後して幾つもの変化や問題を経
済社会にもたらす。
　その第1は、農業の生産性の向上である。上記のように、一国の農業従事者
の比率が下がると、その国の食料、特に主食の穀物生産量が減少し、輸入量を
増やさない限り人々が飢え死にするのではないか、と思う人もいるだろう。だ
が実際には、穀物生産量は減少しないどころか、むしろ増加する。なぜ、この
ような一見不思議なことが起こるのだろうか？
　実は途上国の農村部には、穀物生産に必要な人数以上に人口が滞留している
ことが多い。この人たちは、農村部にいてもいなくても生産量に影響を与えな
い状態にある（これを**偽装失業**と呼ぶ）ので、彼らが農業従事者でなくなって
も、穀物生産量は減少しない。これが1つ目の理由だ。2つ目の理由は――こ
れがより重要だが――、より少人数でより多くの穀物生産が可能になる農業の
生産性の向上が生じることだ。この変化が緑の革命であり（→第1章・第8章）、
これは工業化に先行して始まる。ただし緑の革命は、アジアや中南米では大き
く進んだが、サブサハラ・アフリカでは広がっておらず、このことが同地域で
経済成長が進まない原因にもなっている。
　第2は、人の住む場所が変わることである。農業はふつう農村部で営まれる
が、工業やサービス業は、都市部に立地しやすい。したがって、工業・サービ
ス業他の就業者比率が高まるということは、都市部に居住する人の割合が増え
る、つまり都市化（→第1章）が進むということである。ただし、農村部から

都市部に移動した人は、低収入の不安定な職しか見つけられず、スラム（粗末な住居の密集地）に集住することも多い。

　第3は、格差拡大の可能性である。生産・就業構造の変動次第では、農業部門と工業部門との間で所得格差が拡大する可能性がある。また、農工間の所得格差は、地域間の所得格差ともなりやすい。こうした所得格差は、国民の間に軋轢を生じさせやすく、その緩和には公共政策を要する。当然、その財源確保と徴税も、課題となる。

第2節　貧困とは？　貧困でないとは？

2.1　所得で測る貧困とその撲滅

　よく「途上国には貧困層が多い」といわれるが、貧困とはどういうことなのだろうか。貧困とは、「貧しい」＋「困っている」であるから、この両面からとらえる必要がある。

　まず、「貧しい」をとらえる数値で最もわかりやすいのは、所得であろう。世銀は、極度の貧困状態を表す水準として、1人あたり1日1.9ドルの収入という国際貧困ラインを設定しており（2011年のPPPによる）、これ以下での生活水準を、**絶対的貧困**と呼ぶ。絶対的貧困層の人数は、徐々に減少しており、2015年時点では約7.4億人（世界人口の10％）である（表7‐3）。2015年に国連で採択された**持続可能な開発目標**（SDGs）では、絶対的貧困層を2030年までに世界人口の3％以下に減らす、と定められている。

　ところで、次のような考えから、貧困を所得という尺度でとらえることに違和感を覚える人もいるだろう。すなわち、先進国の人間は、大量生産されたモノに囲まれ、お金を稼ぐために懸命に働くあまり、人間関係も希薄になっている。しかもエネルギーを大量に使い、環境に負荷をかけている。だが途上国の人は、モノは少なくても自給自足的な農業を営み、大家族で三世代が助け合いつつゆったりと暮らし、環境にも負荷をかけていない。こうした生活のほうが、真に豊かで幸せなのではないか——と。また、ブータンが世界一幸せな国といわれているのを知って、「所得と幸せは必ずしも連動しない」と思ってい

表7-3　主な途上国地域の絶対的貧困層の人数とその人口比

	1990年		2015年	
	人数（億人）	人口比（％）	人数（億人）	人口比（％）
世界	18.9	36	7.4	10
東アジア・太平洋	9.9	62	0.5	2
中南米・カリブ	0.6	14	0.3	4
南アジア	5.4	47	2.2	12
サブサハラ・アフリカ	2.8	54	4.1	41

（出所）World Bank（2018：42）

る人もいるかもしれない。

　だが、途上国へのこうした理想郷的なイメージは、幻想に近い。途上国の人々は、このように牧歌的な生活を送っているわけではない。

2.2　途上国での人の困り方

　人は、途上国でどのように生活し、どのように「困っている」のだろうか。まず、多くの人々が農業で生計を立てている低所得国・下位中所得国では、農業用水を天水に依存しがちなので、その年の降雨量の多寡で収量が変動しやすい。収量が減少すると、翌年の端境期には、十分に栄養のある食事を取れなくなりやすく、病気や死のリスクが高まる。また南アジアでは、小作農が多いほか、地主に雇われて農作業をする労働者も少なくない。しかも小作の規模が小さく、農業だけでは家族全員が食べていけないので、10代のうちから都市部へ出稼ぎに出る者も多い。サブサハラ・アフリカでは、土地は概して豊富だが、生活の安定と現金収入を求めての都市部への移動や出稼ぎは、働き盛りの男性を中心に広く見られる。家族がバラバラに生活していることは、少なくないのである。

　だが、都市部に出ても、十分な教育を受けていないので、条件のよい雇用には恵まれにくく、雑業に従事するのが一般的で、住み家はスラムの粗末な小屋だったりする。こうした場所では、降雨による浸水も珍しくない。人口増にもかかわらず、排水設備の整備といった都市計画が追いついていないためであ

る。このため、雨季になると増える水たまりが、マラリアなどの感染症を媒介する蚊の格好の繁殖地となり、人々の健康と生活に悪影響を及ぼしている。

　さて、都市部で仕事をしていて、不運にも事故や怪我で働けなくなったとしても、金銭的な保障を十分に得られるわけではない。途上国では社会保障制度の整備が不十分なので、障害者は親族が支えるしかない。そのための親族の負担や生活への影響は、公的支援を受けられる先進国よりも、はるかに大きい。人は、社会保障制度なきところでは、一瞬で生活が暗転するリスクと常に隣り合わせである。

　農村部に残っている人も、大変である。病気になっても、病院は何十キロも離れており、その道は車が通れないこともある。当然、街灯はなく夜は真っ暗だ。しかも医師の数が少なく、彼らは複数の病院を巡回しているので、病院に行っても、そこに医師が毎日いるとは限らない。医師の巡回日は決まっているのだが、彼らがやってくる道路が舗装されていないので、雨で道路がぬかるむと医師も病院にたどり着けなかったりする。医師が病院にいても、検査器具や薬が不足していて治療を受けられない場合もある。

2.3　ベーシック・ニーズ

　人が生きていく上で、栄養のある食べ物や住まい、それに衣服が必要なことについては、まず異論はないだろう。また、農村部に住んでいれば食料を自給できる可能性はあるが、全員が農業に従事しているわけではないから、雇用の機会も必要だ。農民でさえ、現金収入があれば、不作時でも食料を購入して命をつなぐことができる。そして職を得るには、一定の教育を受けていたほうが良い。もちろん、伝染病や感染症とは無縁で健康に生きる必要がある。つまり教育、公衆衛生・保健、医療といったサービスが必要になる。

　これらのサービスは、所得に関係なく誰もが等しく享受できるべきであり、そのためには公的に提供される必要がある。したがって、この提供には財源が必要であり、政府が税を徴収して賄わなくてはならない。このように、政府が税を徴収し、それによって人々が教育や医療を受けられ、格差が広がり過ぎないような公共政策が実施されているのが先進国であり、途上国とはこうした政

策があまり打たれていない国である。

　人間には、真っ当に生きていくために最低限必要な物やサービスがある。これをベーシック・ニーズ（BN）として定義したのは、1976年の国際労働機関（ILO）の世界雇用会議だった。具体的には、BN とは、①衣食住および家庭に必要な設備・サービス、②安全な飲料水、公衆衛生、保健、公共輸送手段、教育といった社会的に提供されるサービス、③十分な報酬のある雇用、④人間的な環境の充足と、意思決定過程への人々の参加、であるとされた。BN はやがて、開発戦略というよりも達成目標ととらえられるようになったが、BN を満たすこと自体が否定されたわけではない（なお、BN は後に、ベーシック・ヒューマン・ニーズ（BHN）とも呼ばれるようになった）。

2.4　ケイパビリティと開発

　ここまでで、途上国では先進国よりも人が困った状態に陥りやすく、一度この状態に陥ると抜け出しにくいことを見てきた。では、困っていないとは、どういう状態だろうか。それは、たとえば食料を必要な分だけ確保できて空腹を満たすことができるとか、学校で学ぶことで収入のある仕事に就けるとか、病気になったら適切な治療を受けて健康を回復できるとか、公共サービスの充実を求めて多くの人が協調して声を上げて政治を動かせる、といったことだろう。

　このように、人は財やサービスを用いてさまざまな状態になったり、行動したりする。こうした状態や行動のことを、経済学者の A・センは、ファンクショニング（機能）と呼んだ。そして、これらファンクショニングの総体を、センはケイパビリティ（潜在能力）と概念化した。つまりケイパビリティとは、人が財やサービスを用いて、自身にとって価値あることを自由に選択し達成できる可能性の幅を意味している。

　この可能性の幅が大きければ大きいほど、人の生活は充実したものとなるだろう。センは、貧困とは、人間が本来もちうる可能性の幅が大きく狭められていること、つまり基本的なケイパビリティが極度に奪われている状態である、ととらえた。

　ケイパビリティという概念に基づいたセンの議論からは、多くのことがわかる。第1に、貧困とは、単に所得が少ないことではない。したがって、「貧困は所得という尺度だけではとらえられない」というのは、正しい。しかし第2に、貧困をとらえる上で所得を無視して良い、とはいえない。なぜなら、所得は、ケイパビリティを拡大する上で大きな役割を果たしており、所得が少なければ、ケイパビリティは制約を受けやすいからだ。

　第3に、貧困とは多面的であり、所得以外にもケイパビリティを左右する要因がある。たとえば、所得のおかげで最新の電子機器が家にあっても、説明書を読んで使い方を把握することができなければ、その電子機器は宝の持ち腐れだ。電子機器を保有しているだけでは意味がなく、その特性を引き出すことができてこそ、意味がある。この例では、教育（識字）がケイパビリティを左右する要因になっているが、ほかにケイパビリティを左右する要因としては、性・障害の有無・年齢・健康状態・場所などがある。たとえば、家庭内の食料分配で女性が後回しにされる社会では、そうではない社会と比べて、所得水準が同じでも、女性のケイパビリティに悪影響が生じることになる。

　第4に、開発の目的とは何か、ということである。たしかに所得は重要であり、そのために一定の経済成長が望まれる。だが、経済成長によって大気や水が汚染され健康被害が生じれば、ケイパビリティは制約を受ける。また、GDPが増えても所得分配が偏っていれば、人々のケイパビリティは必ずしも拡大しない。あるいは、政府が強権的・独裁的で、人々の自由や権利が抑圧されているというのも困る（ブータンでは、1980～90年代に国民の約1/5もが難民となって国外に流出した）。開発の目的は、単に所得を増やすために経済成長率を高めることではなく、人間が本来もちうる能力を開花させ、不自由を取り除いて自由を広げることであり、またそれによってさまざまな状態や行動を達成して生活が充実する、ということにある。所得の向上やそのための経済成長は、こうした開発の目的を達成するための手段なのである。

2.5　人間開発と貧困

　では、貧困を所得とは別の数値でとらえるとしたら、どのような尺度が望ま

しいだろうか。これまでの説明から、その尺度は、人の能力や置かれている状況を反映したものであるべきだろう。こうした考え方で作られている尺度が、国連開発計画（UNDP）の**人間開発指数（HDI）**である。これは、①出生時平均余命、②予測就学年数と平均就学年数、③ PPP による 1 人あたり GNI、という貧困に関わる 3 つの数値から計算される合成指標であり、国ごとに 0 〜 1 の数値で表される（1 に近いほど良い）。これにより、各国の人間開発の度合い（≒人が困りにくい度合い）を示すことができる。

　HDI から何が見えるのだろうか。第 1 に、1 人あたり GNI は同程度でも、人間開発の程度は大きく異なる場合がある。たとえば、南アジアのスリランカとアフリカのアンゴラは、1 人あたり GNI はほぼ同じ（3500ドル強）だが、HDI の順位は前者が76位、後者は147位と大きく異なる（2017年）。

　第 2 に、各国の 1 人あたり GNI の順位と HDI の順位とを比較することで、所得水準の割に人間開発に成功している国があるとわかる。スリランカのほか、キューバや一部の旧ソ連諸国が、このパターンである。逆に、アフリカや中東には、鉱物資源収入のおかげで所得水準が高い割に人間開発は進んでいない、という国が多くある（たとえば、赤道ギニア）。こうなってしまうのは、豊富な資源収入が、公衆衛生や医療、教育の充実に振り向けられていないためである。

　UNDP は、HDI を1990年から算出・公表している。また、不平等を調整した指数や、ジェンダー格差を考慮した指数、さらに貧困の多次元性（子供の死亡率、栄養、下水設備、水など）を考慮した指数なども、開発している。そこで、**表 7 - 4** で人間開発に関わるデータを見ておこう。

　出生時の平均余命は、南アジアとサブサハラ・アフリカで低い。これを左右する大きな要因は、身体の弱い幼少時に命を落とさないかどうか、つまり 5 歳未満の死亡率の高低であり、その二大死亡原因は早産と肺炎である。このうち早産による死亡率は、実は南アジアのほうがサブサハラ・アフリカよりも高い。これは、人口大国のインドで、10代で結婚・出産する女性の比率が高いためである。また、5 歳未満の子供の発育阻害（年齢の割に背が低いこと）の比率も、意外にも南アジアのほうが高い。発育阻害の原因は、慢性的な栄養不良な

表 7 - 4　途上国地域の主な生活指標

	(1)出生時の平均余命(歳)		(2)5 歳未満の死亡率(出生1000人あたりの人数)		(3)5 歳未満で発育阻害の人(%)		(4)改善された下水設備を利用できる人(%)		(5)25歳以上の人の平均就学年数	
	1990年	2015年	1990年	2015年	1990年	2015年	1990年	2015年	1990年	2015年
世界	65	72	91	43	40	23	53	68	5.9	8.3
東アジア・太平洋	69	75	57	17	37	13	53	77	5.2	7.7
中南米・カリブ	68	75	54	18	25	11	67	83	5.3	8.3
南アジア	58	68	129	53	61	37	20	45	2.9	6.2
サブサハラ・アフリカ	50	60	181	83	49	35	24	30	3.2	5.4
高所得国	75	81	12	6	4	3	99	99	—	—

(出所) World Bank, *World Development Indicators*, UNICEF, *Joint Malnutrition Global and Regional Dataset*, UNDP, *Human Development Report 2016*, Robert Barro and Jong-Wha Lee, *Barro-Lee Educational Attainment Data from 1950 to 2010*, United Nations, *World Population Prospects*

のだが、幼少期に栄養不良であると、認知能力の発達が妨げられて学業成績が伸びにくいので成人後に収入が低迷しやすいのみならず、病気にかかりやすいなど、一生涯に悪影響が及ぶ。インドは、サブサハラ・アフリカよりも絶対的貧困層の割合が低い割には（表 7 - 3 参照）、女性や子供に関する開発上の問題を多く抱えているのである。

　どこで、どのような人が、なぜ、どのように困っているのか。それに対して、どのような政策を打てば、どの程度の改善効果があるのか。その効果の大小は、なぜ生じるのか——。一国内の地域や性別によっても異なる、人々の多様な状況に目配りしつつ、こうした疑問の解明に取り組むことで貧困削減に貢献しようとするのが、開発のミクロ経済学と呼ばれる研究分野であり、21世紀に入ってから研究が活性化している。他方で、貧困削減と所得水準には関連がある以上、一国の経済成長に関する研究も依然として重要である。以下では、この一国の経済成長のことを考えよう。

第3節　経済成長とそのための資金

3.1　包括的で公平な成長の必要性

　貧困は、所得という尺度だけでは測れないが、貧困削減のためには一定の経済成長は必要だ——。この考え方は穏当で平凡だが、こうした考え方が昔から支配的だったわけではない。むしろかつては、経済成長が進めばその成果は貧困層にも滴り落ちるという考え方（トリクル・ダウン仮説）と、経済成長が進んでも貧困層は置き去りにされやすいので成長促進とは別の政策が必要だとする考え方との間に、大きなせめぎ合いがあった。1970年代の BN アプローチの台頭も、前者に対する後者からの反論という色彩を帯びていた。

　今日では、経済成長万能論にはかつてほどの勢いはない。世銀も、包括的で公平な成長を謳い、一国内の所得の下位40％層の収入の引き上げによる生活改善を重視するなど、トリクル・ダウンの考え方を退けている。この背景には、弱者を置き去りにした経済成長では所得格差が大きくなるが、格差が大きいと経済成長を持続させにくい傾向があることや、格差が大きいまま高所得国になった国はない、といった事実がある。つまり、貧困層の生活改善の重視は、それ自体で価値があるのみならず、持続的な経済成長にも貢献するのである。

3.2　経済成長とは

　では、貧困削減のために一定の経済成長が必要であるならば、(1)どうすれば経済成長できるのか、(2)なぜある国は高所得国なのに、別の国は低所得国なのか、(3)なぜある国は順調に成長しているのに、別の国はそうではないのか、といった疑問が出てくるだろう。これらは、経済学者が長年取り組んでいる課題なのだが、ここでは次の例を手がかりに、まず経済成長とはどういうことかを考えよう。

　ある国で、電機メーカーが新規に設立され、1年目に900台の TV を生産し、これを1台3万円ですべて販売するとしよう。年間の売上高は、2700万円になる。ただし、部品代や電気代など、生産に要した費用（原価）を払う必要

がある。その原価が1800万円だとすると、この企業が生んだ付加価値は、900万円（＝2700万円－1800万円）となる。

　次に、この企業が2年目に生産台数を1000台に増やし、すべて売れると、売上高は3000万円に増える。原価も増えて2000万円だとすると、この企業の生み出した付加価値は、1000万円（＝3000万円－2000万円）となる。

　さて、この企業が3年目に高機能の新しいTVの開発に成功し、これを1台3.5万円で1000台売ると、この年の売上高は3500万円になる。高機能なので原価も2300万円に増えていたとすると、この年の付加価値は、1200万円（＝3500万円－2300万円）になる。

　以上は、付加価値を生む経済活動が新たに始まり、その付加価値が年々増えていくプロセスの説明であるが、一国の経済成長もこれと同様にとらえることができる。もちろん、企業の中には業績不振で付加価値が前年度よりも減ってしまったり、倒産してしまうものもあるが、一国全体として付加価値の合計が増えれば、経済成長を達成できる。

3.3　経済成長のとらえ方

　ところで、この企業は、なぜ2年目に生産台数と付加価値を増やせたのだろうか。生産に必要な機械を増やしたからだろうか。それとも、労働者を増やしたのだろうか。あるいは、機械も労働者も増やすことなく、生産方法を改善して生産効率を上げたのだろうか。また、なぜ3年目に高機能の新しいTVの開発に成功したのだろうか。高度な人材を採用したためだろうか。それとも、外国から特許を導入したおかげだろうか。

　一般に経済活動には、生産要素、つまり物的資本（工場、機械など）と人的資本（労働力）が必要であり、生産要素の投入が増えるほど、付加価値も増えやすい。ただし、生産要素の投入が10％増えた時に付加価値も10％増えるとは限らず、たとえば15％増えることもある。このように、生産要素の投入の伸びでは説明しきれない付加価値の伸びがあった場合、その差分については、**全要素生産性**（TFP）の伸びがあったとみなされる。

　つまり、経済成長は、①生産要素（物的資本と人的資本）の投入の伸びと、②

TFP の伸び、にわけて考えることができる。ただし TFP は、①に帰属させられない残差がすべて含まれるため、多岐にわたっている。すなわち、TFP には、新技術の導入による生産効率の改善や研究開発、企業経営の改善、金融や流通の効率化、そして諸制度（財産権、法の支配、政治体制も含まれる）など、きわめて多様なものが含まれるのである。

　では、経済成長には、①と②のどちらの貢献が大きいのだろうか。これは、その国の状況や所得水準によっても異なる。たとえば、日本や中国の経済成長では、所得水準が低い段階では①の貢献度が大きかったが、所得水準が上昇すると②の貢献度が大きくなった、と分析した研究が多い。また、世界全体では、1 人あたり所得の伸び率の各国間での違いの2/3程度が、②の TFP の伸び率の違いで説明される、という（Helpman 2004＝2009：32；Weil 2009＝2010：188）。

　したがって、経済成長への貢献としては、②のほうが重要だととらえられる。ただし、かつては、①のほうが重要だと考えられていた時期もあった。つまり、過去数十年の間に、考え方が変わったのである。また、②の中では近年は制度が重視されているが、これがどのように経済成長に貢献するのかは、よくわかっていない。経済成長には、未解明の課題が多いのである。

3.4　経済成長を支える資金：ODA から FDI へ

　1.3 では、所得水準が上昇する過程で、GDP に占める工業部門の比率が高まることを見た。これは、主に製造業の企業が次々と設立されて、付加価値を生み出す経済活動が新たに始まり、またその付加価値が増えていくことの現れである。そして途上国で製造業を起こし、拡大していくには、人的資本である労働者を雇うことよりも、物的資本を増やす、つまり資金を調達して投資を行う（工場や機械を増やす）ことのハードルのほうが、高い。このため、途上国にとって、いかに投資を行うのか、そしてその資金をどこからどのように調達するのかは、開発の大きな課題であり続けてきた。

　投資の資金源となるのは貯蓄であるが、途上国では国内に貯蓄が少ない。このため、資金源をどうしても海外に求めざるをえない。途上国が海外から資金

を調達するルートとしては、①先進国や国際開発機関からの政府開発援助（ODA）の受け入れ、②国際資本市場からの調達（株式の発行、債券の発行、銀行からの借入など）、③海外直接投資（FDI）の受け入れ（外国の企業に進出してもらい、事業を行ってもらう）、の３つに大別される。かつては、③の規模はきわめて小さかった。また、途上国の信用力の低さから、②では調達に際して金額や金利面で制約があった。このため、②よりも良い条件で資金を調達する必要性が高かった。この役割を果たしたのが、①のODAである。

　実際に、1970〜1991年に途上国への海外からの資金の純流入額の内訳で最多だったのは、①のODAで5422億ドルに達していた。他方で、②の国際資本市場からの調達は3471億ドル、③のFDIは2860億ドルに過ぎなかった。

　ところが1992年以降、③のFDIが激増し始め、1997年以降はこれが年ベースで最多となって今日に至っている（2007年を除く）。このため、途上国への海外からの資金の純流入額は、1992年〜2015年には①が２兆795億ドル、②が５兆1256億ドルだったのに対して、③は９兆4885億ドルにも達した。つまり今日では、FDIが途上国の投資資金調達の主役となっているのである。

3.5　FDIのメリットとデメリット

　途上国にとって、FDIの受け入れには、他の資金調達ルートにはないメリットがある。第１に、ODAや国際資本市場からのように、資金をどこからどのような条件で調達するかについて頭を悩ませる必要がない。第２に、ODA（借款）や国際資本市場から（債券発行や銀行借入）とは異なって、返済の必要がない。第３に、国際資本市場からと比べて、安定的な投資であり資金が逃げにくい。第４に、FDIの担い手である海外の企業は、当該途上国に欠けている生産や物流のノウハウ、優れた企業経営方式、高度な技術などをもっており、これらが途上国に持ち込まれると、それはやがて途上国内に広まる可能性がある（ただし、どの程度広まるのかは、途上国側の技術水準や労働力の質などによる）。つまりFDIの受け入れは、単に生産要素の投入の伸びのみならず、TFPの伸びへの貢献も期待できるのである。

　では、FDIの受け入れは、途上国にとって良いことずくめなのだろうか。

FDI を受け入れるには、よその国ではなく自国を投資先として選んでもらう必要があるから、外国の企業にとって魅力的な投資環境を提供しなくてはならない。この典型は法人税の減免だが、その度が過ぎると、公共政策が難しくなるかもしれない。また、その途上国の魅力が低賃金だけだと、賃金水準が上昇した途端に FDI の純流入が止まったり、進出していた企業が撤退してしまう可能性もある。そうでなくても、持続的な経済成長のためには、生産要素の投入の伸びよりも TFP の伸びのほうが重要なのであり、生産要素の投入の伸びをメインとした FDI に頼るばかりでは、経済成長もやがて壁にぶつかりかねない。そうなると、中所得国の罠にはまってしまう。つまり、FDI の受け入れは経済成長をもたらすにしても、単に受け入れればそれでよい、というほど単純ではないのである。

　以上を踏まえ、次章で、途上国の経済発展をより詳しく学ぼう。また、この巨大な成功例である中国については、第10章で学ぼう。

参考文献

Helpman, Elhanan, 2004, *The Mystery of Economic Growth*, Cambridge: Belknap Press of Harvard University Press. (大住圭介ほか訳，2009，『経済成長のミステリー』九州大学出版会.)

Weil, David N., 2009, *Economic Growth*, 2nd ed., Boston: Pearson Addison Wesley. (早見弘・早見均訳，2010，『経済成長』ピアソン桐原.)

World Bank, 2018, *Poverty and Shared Prosperity 2018: Piecing Together the Poverty Puzzle*, Washington, D. C.: World Bank Group.

第 **8** 章

途上国の開発戦略と開発の歪み

——成長至上主義の罠からどう脱却するか——

■キーワード
プレビッシュ・シンガー命題、輸入代替工業化、緑の革命、輸出志向工業化、構造調整政策、底辺への競争、中所得国の罠、グローバル・バリューチェーン（GVC）、官民連携（PPP）

　第7章では、産業構造や貧困状態、生活の様子から、途上国が抱えている問題を学んだ。本章では、途上国がたどってきた歴史を振り返ることで、こうした問題がいかにして生み出され、グローバル化の中で進展してきたかを学ぶ。貧困や格差などの問題の解決には、まず、これらの問題を歴史的な文脈の中で把握することが必要である。第1節では、植民地統治とその後の途上国の経済との関係について理解し、第2節では、独立を果たした途上国がどのように経済の近代化を進めてきたかを学ぶ。第3節では、グローバル化のもとで途上国経済が直面する問題について検討しよう。

第1節　途上国のたどってきた道

1.1　列強の植民地統治
　地球上で、アジア、アフリカ、中南米のそれぞれの地域において途上国が数多く分布しているが、このことは何を意味するのであろうか。これらの地域に共通しているのは、16世紀以降、西欧列強による植民地統治を受けた経験がある、ということである。

　過去の被植民地の経験と現在の低開発の関係を理解するために、植民地統治の実態を具体的に見てみよう。途上国の中には、長引く内戦や、テロやクーデターなどの政情不安によって経済活動が停滞してきた国があるが、アフリカの東部に位置するルワンダはそうした国の１つである。20世紀の前半から半ばにかけて、ベルギーは委任統治領のルワンダを植民地統治する際に、それまで曖昧だった現地の人々の帰属をツチ族とフツ族に明確化したが、行政で重用されたツチと、これに支配されるフツとの間で社会的・経済的な対立が深まっていった。この両者の対立は、やがて内戦や大量虐殺へと発展していった。また、中南米におけるスペインの植民地統治では、先住民に対して、プランテーションや鉱山における強制労働、低賃金の労役、重税、土地の収奪、高価格での商品購入の義務づけなどが課せられた。

　現在のインドネシアにあたるジャワ島では、オランダ植民地下で強制栽培制度が導入され、農民は土地の一定割合をコーヒー、たばこ、藍など植民地政府が指定する作物の生産に充てることが求められた。この制度によって、オランダ政府は巨額の利益を上げ、自国の工業化の原資を確保した一方、ジャワ島では、コメの生産量が落ち、大規模な飢饉が発生した。さらに、コメの生産を補うために、手工芸品の原材料の生産に手が回らなくなったことにより、農村での工業の発展の芽も摘まれ、後々の工業化の土台が掘り崩されていった。

　D・アセモグルとJ・ロビンソンの『国家はなぜ衰退するのか——権力・繁栄・貧困の起源』は、米国と南米、韓国と北朝鮮それぞれの現在の発展の違いについて、包括的な経済制度と収奪的な経済制度という概念を用いて説明している。アセモグルらは、発展度合いが高い米国や韓国では、国民に対して、私有財産権、公共サービス、経済活動の自由などが国家によって保障されており、社会の幅広い階層が経済活動に参加できるという意味で「包括的」に制度が作られているが、南米と北朝鮮については、その逆で、大多数の人々は、歴史的に財産権や教育の機会が与えられておらず、一部の権力者層に富が集中する「収奪的」な制度が作られている、と述べている（Acemoglu and Robinson 2012＝2013）。上記のことが示唆するのは、途上国の人々が貧しいのは、彼らが生まれつき能力がなく、怠惰であるからではなく、また、気候条件が経済活動

に適していないからだけでもなく、植民地統治の制度をはじめとした、歴史的に作られてきた制度と仕組みの中で、彼らの自由な経済活動が制約されてきたから、ということであろう。

1.2　植民地と宗主国との国際分業

　植民地と宗主国との間には、特定の形の国際分業が形成されてきた。すなわち、植民地は宗主国に原材料や食料、資源などを輸出し、逆に宗主国からは工業製品を輸入するという国際分業である。これは、比較優位の原理（→第3章）に基づいて形成されたというよりは、イギリスをはじめとする西欧諸国が、自らの資本主義的な発展のために、地球上の一部を、原材料の供給地かつ工業製品の販売市場として作りかえる中で、歴史的に生み出されたものであった。このことを、具体例を挙げて、見てみよう。

　イギリスは、もともと綿花を産出せず、綿製品をインドから輸入していた。しかし、産業革命による紡績技術の飛躍的な向上により、19世紀初頭には、圧倒的な低価格で綿製品を大量生産できるようになり、これはやがてインドにも大量に輸出されていった。この結果、イギリスは、インドの綿製品工業に壊滅的な打撃を与えたが、さらにイギリスは、インドに新しい生産力をつくる必要があった。というのも、インドが綿製品の輸入代金を決済するには、何らかの生産物を輸出しなくてはならないからである。こうして、低賃金の労働力と広大な土地を活かす形で、イギリスに大量に輸出されることになる綿花や、大麻などの農業が広がっていき、インドは原材料の供給地かつ工業製品の販売市場に転落していった。このように、宗主国の都合で一次産品への依存を深めていった植民地の経済は、その後の経済発展や工業化を遅らせたのみならず、時には土地や資源をめぐる争いを招くなど、その後の社会にも影を落とすことになった。

　宗主国は工業に、植民地は農業に特化するという比較優位的な構造は、進んだ文明国と遅れた非文明国という関係から、あたかも自然現象のようにとらえられがちである。しかし、これは過去の植民地統治の産物である。植民地統治によって宗主国へ移転した富が産業革命を後押しした一方で、植民地では収奪

的な制度によって発展の芽が摘まれていった。このことが、植民地制度の解体
した現在でも、先進国と途上国の関係を規定しているのである。

第2節　経済の近代化への取り組み

2.1　輸入代替工業化

　第二次世界大戦の終了後、それまで植民地であった国々は相次いで独立に向
けて動き出す。これらの国々の一部は、1955年に、西側（資本主義国）でもな
い、東側（社会主義国）でもない、第三世界の国々としてインドネシア・バン
ドンに集結し、アジア・アフリカ会議を開催した。

　独立した途上国にとって喫緊の課題は、貧困の原因となっている、一次産品
輸出に依存した経済から脱却し、工業化を実現することであった。この考えの
理論的根拠となったのが、開発経済学者のR・プレビッシュとH・シンガーの
主張する、交易条件の悪化説（**プレビッシュ・シンガー命題**）であった。この命
題は、技術革新が先進国と途上国に与える影響の違いなどに要約できる。

　技術革新は、工業部門においては、新製品の開発という形で、工業部門所得
の上昇につながるが、一次産品部門においては、原材料の節約を通じて、価格
の下落をもたらしてしまう。これに加えて、交易条件の悪化をもたらす要因に
は、一次産品の需要の所得弾力性および価格弾力性の低さ、先進工業国の技術
的優位性、がある。工業製品の需要は、所得の増加にあわせて増えていく（需
要の所得弾力性が高い）が、逆に、一次産品の需要は、人々の所得が増えても、
それと同じ程度には増えない（需要の所得弾力性が低い）。たとえば、所得が倍
増して、家に1台の車を2台にすることはありえても、コメやパンの消費量を
2倍にすることはない。つまり、世界経済が拡大し、人々の所得が増えるに伴
い、工業製品部門の需要は大きく増えてその生産者の所得も着実に上昇してい
くが、一次産品部門の需要はそれほどには伸びず、その生産者の所得もさほど
上昇しない。同様に、工業製品と一次産品の輸出価格が低下したとき、一次産
品においては、工業製品に比べて、それを補うようには輸出量が増加せず（需
要の価格弾力性が低い）、一次産品部門の所得は増加しない。また、先進工業国

は高度な生産技術を有しており、工業製品の輸出価格に対して、支配的な力をもっている。

　この結果、工業製品の生産国であると同時に一次産品の消費国である先進国には、二重の利益が発生するのに対し、一次産品の生産国であると同時に工業製品の消費国である途上国には、二重の不利益がもたらされることになる。こうして、一次産品生産国である途上国の、先進工業国に対する交易条件は、長期的に悪化していく。

　そこで、一次産品に依存したままでは、経済発展が望めないことを認識した途上国は、**輸入代替工業化**を開始する。国内の産業を育て、工業化を進めるには、まず、先進国から輸入される工業製品から自国産業を保護する必要があり、政府は、工業製品に対して、高率の輸入関税を課したり、輸入許可制を設けたりするなどの政策を行った。また、自国で工業化を進めるためには、工業製品を製造するための原材料や、工場を建設・稼働させるための建設機械や工作機械などの資本財の輸入が必要であり、これらの財を低コストで調達するために、為替相場が自国通貨高に設定された。同時に、工業化の担い手である国営企業に対して、税の優遇措置や補助金の支出などの措置もとられた。こうして、輸入に頼っていた工業製品を自国内の生産で代替しながら、工業化を進めていくことになった。

　1950年代から70年代にかけて、中南米やアジアの途上国において、広く輸入代替工業化政策がとられ、食品加工や繊維などの軽工業の育成に始まり、家電や自動車などの重工業への発展が目指された。

2.2　緑の革命

　もう1つ、途上国が直面していた課題は、農業の近代化であった。食糧生産を増大させることで、貧困や飢餓から抜け出すことを目的としたが、それは、工業化を進める上で、マクロ経済的にも意味のあることであった。工業化のために欠かせない、原材料や資本財を輸入するためには、その支払いに必要な外貨をもっておく必要がある。食糧自給を達成していない国は、食糧を輸入しなければならず、その分、決済代金として外貨が流出するし、自給できている国

にとっても、余った食糧を輸出することで外貨を獲得することができるので、食糧増産は間接的に工業化を支える役目を果たした。

　農業の近代化は、さまざまな取り組みによって実現された。フィリピンに設立された国際稲研究所では、コメ増産を目的とした研究が行われ、ここで開発された多収量品種や耐病品種がアジア諸国に導入された。これに加えて、肥料や農薬が大量に投入されるとともに、それに必要な資金が、各国の農業銀行からの低金利の融資や政府からの補助金として農家に供給された。

　コメの生産に欠かせない水は、灌漑整備によって確保された。アジアの熱帯地域は、モンスーン気候によって、雨期になれば雨水を利用した天水農業ができるが、乾期になると、雨がほとんど降らず、コメの生産に支障が出る。コメの増産には、品種改良や肥料、農薬の投入だけでなく、作付け回数自体も増やす必要があり、乾期でもコメの生産ができるよう、大規模ダムをつくり、雨期に溜まった雨水は用水路を通じて水田に供給された。

　この結果、1970年代以降、コメの収穫量が大幅に増加し、フィリピン、インドネシア、ベトナム、インドのように、コメ自給を達成する国も出てきた。農業の近代化は、コメや小麦、トウモロコシなどの食糧増産に与えた影響の大きさから、**緑の革命**と呼ばれる。緑の革命は食糧増産と同時に、地域によってはさまざまな問題も残した。緑の革命を実現した農業技術の進展がもたらす問題については、第1章第4節で確認しよう。

2.3　経済の自由化

①　輸出志向工業化

　輸入代替工業化は、1970年代以降、行き詰まりを見せるようになった。1950年代から60年代にかけて実施された第一次輸入代替工業化は、自国で生産した軽工業製品を国内市場向けに供給することを目的としていたため、途上国の国内市場の大きさが限られていることから、生産拡大は壁にぶつかることになった。その後、一部の国では、第二次輸入代替工業化として、軽工業から重工業へと工業化の対象を広げ、軽工業がぶつかった国内市場の壁を乗り越えようとしたが、産業の高度化に必要な技術力や人材の不足に直面した。また、原材料

や資本財の輸入額を抑えるために行っていた為替相場の自国通貨高が輸出の不
振を招き、外貨収入を減らしたことに加え、オイルショックにより原材料の輸
入額が増加し、対外支払いが増えたことによって、途上国の外貨準備高が急減
し、原材料や資本財の輸入が困難になっていった。メキシコやブラジルなど
は、主に米国の銀行から資金を借り入れて、原材料や資本財の輸入をしていた
が、オイルショック後のインフレ抑制のための米国の高金利政策が債務国のド
ルの返済金利の上昇をもたらし、その結果、累積債務問題が表面化し、輸入代
替工業化は頓挫した。

　輸入代替工業化は、一言でいえば、政府主導の経済開発であった。市場原理
に経済開発を委ねていては、独立前のような貧困状態から抜け出すことはでき
ないとの考えから、政府が、工業化の担い手である国営企業に対し、輸入関税
や補助金などの保護政策を行った。しかし、こうした政府と国営企業の密接な
関係は、汚職や腐敗の温床となり、政府の財政赤字も拡大させた。こうした政
府主導の経済開発がもたらす問題は、「政府の失敗」と呼ばれた。

　1980年代には、**輸出志向工業化**と呼ばれる、比較優位に基づく工業化が広
がった。輸出志向工業化は、輸入代替工業化の失敗の反省の上に立っていたた
め、工業化の進め方はそれとは対照的であり、比較優位に基づく財の生産と輸
出による工業化が目指された。輸出を促進するためには、製品の質を高める必
要があり、それを実現するために、外国企業の投資にかかる規制緩和や、税の
減免措置のある輸出加工区の設置を行い、高い技術力をもつ外国企業を誘致し
た。輸出志向工業化は、途上国の経済に高成長をもたらし、雇用の創出や貧困
の削減に大きな役割を果たした、と評価されることが多い。

　途上国で進められてきた工業化の取り組みの多くは、輸入代替であれ輸出志
向であれ、開発独裁と呼ばれる、軍の支持を背景にした中央集権的な独裁政権
や、一握りの経済エリートによって担われた。これらの国々では、途上国が独
立した際に掲げていた、自由、平等、民主主義とはかけ離れた形で経済開発が
進められてきたのである。

② **構造調整政策**

　外貨準備高の減少や累積債務問題に見舞われた国々は、国際通貨基金

（IMF）や世界銀行に融資を要請し、経済を回復させることになったが、その際、問題の原因を政府主導の経済開発に求める IMF と世界銀行は、融資の条件として、経済構造を市場原理に基づくように変えていくための政策（**構造調整政策**）を実行するよう求めた。

　構造調整政策は、政府が市場に介入すると、汚職や腐敗が生まれ、経済効率性が失われるため、政府の役割は限定されるべきという、「小さな政府」の考えによっており、途上国は、さまざまな経済部門において政府の役割の見直しを迫られた。輸入代替工業化を支えてきた国営企業や国営銀行などは、民営化政策により、政府の手から離れて民間企業として経営されることになり、また、自由な貿易活動を妨げる輸出入の関税の削減や、外国企業が投資を制限されてきた領域における規制緩和が実施された。こうした経済の自由化政策によって、ヒト・モノ・カネが国境を越えて移動することが可能となり、経済のグローバル化のもとで、途上国の高成長が実現することになった。

　その一方で、構造調整政策は、国境を越えて飛び回る短期資金の自国への流入を促すことに加え、社会保障支出や農業補助金の削減など、貧困層の生活を直に揺さぶる内容を含んでおり、途上国の発展度合いや経済の前提条件を考慮に入れないまま実施されたため、経済を不安定にさせたとして批判されることが多い。インドネシアでは、金融の仕組みやルールが整わないままに、金融の自由化が進んだ結果、高金利を目当てに海外から大量に流入した資金が、国内にバブル経済を生み出した後に、一斉に海外へ逃避し、1997年に通貨危機がもたらされた。そして、危機後の財政支出削減によって、企業の倒産と大量の失業者が発生し、経済危機に発展したことはその一例である。

　2000年代に入り、多様な社会的背景をもつ国や地域に対して、画一的な経済政策を当てはめていくことに対する批判から、開発経済学では、新しい潮流として、ミクロな経済主体の行動原理に着目した実証研究が主流になってきている。たとえば A・バナジーと E・デュフロは、貧困者が、予防接種や教育、肥料の効果などの、貧困から抜け出すために必要な情報を持っているかどうか、また、貧困者自体が生活を改善できるという信念を持っているかどうか、など、それぞれの貧困者が置かれた状況に着目する。つまり、海外からの援助や

政府による貧困者支援は貧困削減に効果がある、また反対に、貧困者の貧困から脱する自助努力を妨げる、という二項対立的な一般化された考えではなく、各地域、各集団において、貧困者が置かれている具体的な条件を考慮した援助や経済政策が必要であると主張される（Banerjee and Duflo 2011 = 2012）。

　さて、経済の自由化政策は、経済への短期的な影響だけでなく、国境を越えて飛び回る資金や、多国籍企業の存在を前に、途上国政府が経済開発の自律性を失い、さまざまな問題に直面するという、長期的な影響をも与えることになった。次節でそれらを検討しよう。

第3節　グローバル化と開発の影

　現在、世界経済における、途上国（新興国を含む、以下同様）の存在感が高まってきている。世界銀行の統計によると、低所得国と上位・下位中所得国のGDP（購買力平価ベース）の合計が世界全体に占める割合は、2000年には37％であったが、2017年には54％に達している。

　こうした高成長は、主に経済のグローバル化によってもたらされたが、近年、このグローバル化のもとでの、さらなる経済成長の実現は不透明さを増している。以下、途上国が抱えている問題について検討しよう。

3.1　底辺への競争

　現在の世界経済の主役は、グローバル企業である。アップルやサムスン、ゼネラル・エレクトリック、ウォルマート、ネスレなどの巨大企業は世界中に生産・流通ネットワークをもっている。いまや、一国の経済の行方を左右するのは、20世紀半ばに見られたような、産業政策や雇用政策などを通じた政府主体の経済開発というよりも、グローバル企業とその関連企業の投資動向であることが少なくない。特に、国内にしっかりとした産業基盤をもたない途上国にとって、経済成長を実現するには、グローバル企業の投資が欠かせない。

　グローバル企業が最も関心を寄せることは、利潤を最大化させるために、低コストで生産を行うことである。近年では、少子化・高齢化が進む先進国で消

費が伸び悩んでいることから、企業は少しでも価格の安い商品を生み出す必要
に迫られている。企業がそれを実現するには、生産拠点を賃金や税負担が低い
国に移して、生産を行う必要がある。わたしたちが、毎日の生活の中で食べる
もの、身に着けるものはもちろん、生産や流通の見えない部分においても、途
上国で生産された部品や材料がたくさん使われているのは、こうした事情があ
る。

　投資を誘致したい途上国は、グローバル企業の要求に応えるように、労働基
準の緩和や、非正規雇用の導入、賃金の抑制、法人税の減税、環境基準の緩和
などの政策を実施することになる。また、長時間労働の是正、作業場の温度管
理や安全管理、避難経路の確保などの労務管理に対する監督が徹底されなくな
る。2013年にバングラデシュで縫製工場が入っていたビルが倒壊し、多くの労
働者が命を落とした事例や、カンボジアの工場で多数の女性労働者が失神する
という事例はまさに、社会的な不当廉売を意味するソーシャル・ダンピングそ
のものである。

　いまや、経済のグローバル化は世界の隅々にまで広がっており、以前は、イ
ンフラや教育が整っておらず、海外からの投資を受け入れていなかった最貧国
の国々も世界経済に統合されている。その結果、ある国が法人税の減税を実施
すると、他の国もそれを上回る減税を実施する、というように、多くの国が競
い合うようにグローバル企業の誘致を目指すことになり、上記の政策を通じ
て、労働環境や自然環境、政府支出に支えられる福祉水準が底辺へと追いやら
れることになる（**底辺への競争**）。

　政府が経済に介入することは、「政府の失敗」をもたらすとして、途上国で
は市場経済の導入に向けた改革が進められてきたが、底辺への競争に見られる
ように、市場経済における競争の激化によって、人々の生活や地球環境が脅か
されている。

3.2　中所得国の罠

　途上国の中でも、経済のグローバル化を進め、高い経済成長を実現してきた
国々がしばしば直面しているのが、**中所得国の罠**（→第7章）である。これは、

1 人あたり所得が上昇し、低所得国から中所得国へと移行したものの、そこから、高所得国への移行が進まない状態のことを指す。

　低所得国から中所得国への移行はイメージがしやすいだろう。たとえば、経済の近代化が進まず、国内産業が育っていない状態の国があったとしよう。この国は貧しいが、低賃金労働力がたくさん存在しているので、生産において労働投入に多くを依存する労働集約的産業にとっては、魅力的である。企業の投資を促すために、政府は、工業団地の造成や、周辺の道路や発電所などのインフラ整備を先進国からの援助で行う。企業はこの国に工場を建設し、多くの労働者を雇い、利益を上げる。その利益は工場の拡張と雇用に使われ、生産が拡大していき、国民の所得も向上していく。これが、多くの低所得国が採用してきた開発のパターンである。

　しかし、ひとたび中所得国となれば、このような開発戦略が通用しなくなる。その理由は以下のように考えられる。この国は、成長し、雇用が増えた結果、豊富にあった低賃金労働力が利用できなくなり、生産コストを抑えたい企業は、賃金が低い国へと工場を移転させてしまった。国民の所得水準を上げるには、もう低賃金の労働集約的産業だけには頼れず、政府は、賃金が上がったことを前提にして、別の企業に投資を呼びかけることにした。つまり、賃金の上昇を上回る付加価値を生み出すことができる、高付加価値型産業の誘致を行う必要に迫られたのである。そのためには、労働者の知識や技能の水準を上げ、労働生産性を向上させることが不可欠だが、教育や職業訓練の仕組みが不十分で、世界における産業の情報化・知識化のスピードに追いついておらず、その結果、投資が進まず、生産が拡大しない状態に陥ってしまった。これが中所得国の罠の具体的なイメージである。

　現代では、1 つの製品が作られる一連の工程は、一国内にとどまっているわけではなく、**グローバル・バリューチェーン（GVC）**と呼ばれる、国境を越えた生産工程が形成されていることが少なくない。たとえば、携帯電話のiPhone は、アメリカのアップル社の製品であるが、その部品はさまざまな国で作られている。生産工程のうち、最も付加価値率の高い工程が、デザインや機能の開発で、それに次ぐのが、画面やメモリーなどの部品の設計である。生

図8-1　スマイルカーブ

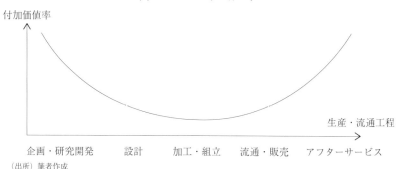

（出所）筆者作成

産工程の最後である製品の組み立ては、単純作業であるため、生み出される付加価値率は低い。以上のことを図示すると**図8-1**のようになる。この図では、縦軸が付加価値率の高低を、横軸が製品の生産・流通工程の流れを示しており、両者の関係を線で表すと半円状のカーブが描かれる。つまり、各工程で生み出される付加価値率は同じではなく、生産の初期段階と生産後のサービス段階で高いことがわかる。各生産・流通工程と付加価値率の関係は、この半円状の形から、スマイルカーブと呼ばれる。

　中所得国の罠から抜け出すには、法人税のさらなる減税や投資分野の規制緩和を行い、技術力をもつ企業を誘致し、単純な組み立て作業から、研究開発をもとにした生産工程へと移行するべきであるとの指摘がある。しかし、現代の情報社会において生み出される製品の多くは、先進国の高度な研究開発の成果に基づいており、中所得国の産業の高付加価値化がどこまで実現可能であるか、あるいは、それが実現できたとして、どれだけの雇用が生み出され、国民所得の増加につながるか、不透明である。

3.3　「脱工業化」の進行

　途上国の中には、工業化の展望が開けず、農業開発や天然資源開発に回帰し、「脱工業化」が進んでしまっている国も多い。アフリカには、豊富な資源が存在しており、それらを目当てにした海外からの投資が相次ぎ、めざましい

表 8 - 1　　海外送金受取額の対 GDP 比（2016年）

(%)

アジア（中央アジアを除く）		中東・アフリカ		中南米・カリブ	
1　ネパール	31.3	1　リベリア	26.1	1　ハイチ	29.4
2　フィリピン	10.2	2　ガンビア	21.5	2　ホンジュラス	18.0
3　スリランカ	8.9	3　コモロ	21.2	3　ジャマイカ	17.3
4　パキスタン	7.1	4　レバノン	15.4	4　エルサルバドル	17.1
5　バングラデシュ	6.1	5　レソト	15.0	5　グアテマラ	10.9
6　ベトナム	5.8	6　セネガル	13.7	6　ドミニカ国	9.8
7　東ティモール	4.5	7　カーボベルデ	13.1	7　ニカラグア	9.6

（出所）World Bank, *World Development Indicators*

経済成長を達成した国が生まれている。しかし、アジアと比べて、アフリカの工業化の歩みは遅い。アフリカ諸国も、アジア諸国と同様に、輸入代替工業化を経験したものの、政府による開発政策が機能せず、工業化を支える産業基盤が不十分なまま、経済の自由化を進めたため、国内産業の育成が進んでいない。2.2 で見たように、アジアでは食糧自給率の上昇が工業化の原動力となったが、アフリカでは、食糧自給率が下がってきている。その結果、アフリカ諸国は、天然資源の輸出に注力し、工業製品は、海外からの輸入に頼らざるをえなくなっている。アフリカ諸国は、植民地時代にも経験した一次産品に依存した経済をどう乗り越えていくか、大きな課題を抱えている。

　労働者の海外への送り出しによって、経済開発を図る国々もある。**表 8 - 1** は、海外送金受取額の対 GDP 比の高い国を地域別に示している。海外送金受取額とは、主に海外への出稼ぎ労働者による母国への送金額のことであり（第 5 章第 1 節 1.3 参照）、対 GDP 比により、その国の経済規模に比べて、海外の出稼ぎ労働者からの送金額がどれだけ大きいかがわかる。

　地域的な特徴では、中東・アフリカ地域と中南米・カリブ地域で海外送金の比率が高い国が目立つ一方で、アジア地域では、ネパールが突出しているものの、２番目以降の国々はそれほど海外送金に依存しているわけではない。労働者が、家族と離れ、異なる生活習慣をもつ国に出稼ぎをするのは、国内にとどまっていても、職を得ることができず、生活苦から抜け出せないからである。これら地域の比較から、労働集約的産業への投資を誘致し、多くの雇用を生み

出したアジア地域と、工業化に失敗し、国内に雇用を生み出すことができなかったアフリカ諸国と中米諸国という構図が浮かび上がる。

　中米の出稼ぎ労働者は、命がけで米国へと渡り、そこで建設業や農業、サービス業などに従事し、稼いで貯金したお金を母国の家族に送金する。そのお金で、母国にいる子供や兄弟・姉妹は学校に行くことができ、家族の生活も豊かになる。しかし、国レベルで考えると、海外から資金は入ってくるが、その送金額は出稼ぎ先の国の景気に左右されてしまうし、何より、人材が海外に流出し続け、国内産業が育たない、という問題を抱えている。

3.4　高齢化する途上国

　途上国は、貧しいけれど若い人が多くエネルギッシュな社会、というのが一般的なイメージである。しかし、表8-2を見ると、中所得国に分類される国々については、そうしたイメージは今後は変わっていくと予想できる。

　合計特殊出生率（以下、出生率）とは、1人の女性が15歳から49歳の間に何人の子供を産むかを示しており、表を見ると、低所得国から高所得国にかけて、所得水準が上がるほど、出生率が低くなる傾向が見られる。その理由は、経済発展に伴って女性の教育機会・就業機会が増えることや、乳幼児死亡率が低下することによって、女性が子供を以前ほど求めなくなったこと、などが考えられる。大泉（2007）が指摘するように、途上国における出生率の低下は、主にアジア諸国で、成長の原動力となった。出生率が低下する直前に生まれたベビーブーム世代は、やがて多数の低賃金労働力となり、労働投入量の増加が実現した。これに加えて、出生率の低下が、家計に占める養育負担の減少による貯蓄率の上昇をもたらし、投資を促進すると同時に、子供1人あたりの教育や医療サービスの増加を通じて、労働生産性の上昇をもたらした。これらの要因が経済成長に大きな役割を果たした。このように、労働力の中核である15歳から64歳までの生産年齢人口の全人口に占める割合が高い一方で、被扶養者である高齢者や年少者の扶養にかかる負担が少ない状態を人口ボーナスと呼ぶ。

　高齢化率はどうだろうか。高齢化率は、総人口に占める65歳以上の人口の割合のことであり、出生率とは反対に、所得水準が上がるほど、高齢化率が高く

表8‒2　出生率と高齢化率の推移

	合計特殊出生率				高齢化率（％）				
	1970年	1985年	2000年	2015年	1970年	1985年	2000年	2015年	2030年（予測）
高所得国	2.54	1.84	1.71	1.67	9.9	11.4	13.7	17.0	22.4
上位中所得国	5.10	2.99	1.83	1.83	4.3	5.4	6.9	9.1	14.9
下位中所得国	5.76	4.76	3.47	2.81	3.7	3.9	4.5	5.2	7.5
低所得国	6.61	6.50	5.88	4.80	2.9	3.0	3.2	3.3	3.7

（出所）World Bank, *World Development Indicators*, United Nations, *World Population Prospects*

なっていることがわかる。高所得国ほど、出生率が低く、若年者層が減少する一方で、栄養状態の改善や医療技術の進歩により寿命が延び、高齢者層が増加していることが理由である。2030年には、上位中所得国では、高齢化率が14％以上の「高齢社会」に突入し、下位中所得国でも、同7％以上の「高齢化社会」となることが予想されている。

　経済を支えている現役の中間層もいずれ高齢者となり、退職後は貯蓄と年金収入に依存した生活が待っている。人口ボーナスとして、経済成長を支えてきた要因が、消費や税収の減少、社会保障費の増大など、人口オーナス（オーナスとは重荷の意）と呼ばれる、成長を抑える要因に変化しつつある。

3.5　開発課題をどう解決するか

　増えていく高齢者の世話を誰がするのか、教育を受けられない人や、貧しい人への支援はどうなっているのか。先進国では、年金や国民皆保険、義務教育や生活保護などの、社会的弱者を支える仕組みが政府によって作られているが、途上国ではどうであろうか。

　表8‒3は、世界各地域における政府支出の対GDP比を表している。先進国は38.6％で最も高い数字を示しているが、これは、歴史的に、政府が社会保障を充実させ、福祉国家を形成してきたことが背景にある。アジア・太平洋は29.1％であるが、経済規模が大きく、また、社会主義のもとで政府の役割が大きい中国が数字を押し上げており、ASEANの5か国だけで見ると20.8％に過

表8-3 政府支出の対 GDP 比 (2015年＊)

(%)

先進国	アジア・太平洋	ASEAN5＊＊	中南米・カリブ	中東・北アフリカ	サブサハラ・アフリカ
38.6	29.1	20.8	33.2	35.9	22.2

＊一部の国の数値は推計値
＊＊ ASEAN5 は、インドネシア、マレーシア、フィリピン、タイ、ベトナム。
(出所) IMF, *World Economic Outlook Database*

　ぎない。サブサハラ・アフリカも22.2％と低く、中南米・カリブと中東・北アフリカは、30％を超えており、他地域よりも高いが、石油やガスなどの天然資源収入によって政府支出が大きくなっていると考えられ、その影響を除けば、やはり、政府の役割は限定されている。

　途上国は、先進国のような、税や社会保険料の収入によって成り立つ近代的な租税国家ではなく、徴税能力の低さや納税意識の低さから、税収の確保が難しく、公的部門の機能は弱い。それに加えて、政府支出の使い道も、公的債務の返済、公務員の給与、インフラ開発を優先する公共事業、などによって占められ、教育や、保健・衛生、医療、年金、住居などの社会保障分野への支出は不十分である。

　途上国への支援は、公的資金である先進国や国際機関からの政府開発援助（ODA）が中心であったが、20世紀の終わり頃から、海外の民間資金の存在感が増している。主に先進国の金融機関や企業は、**官民連携**（PPP）と呼ばれる手法で、途上国政府と共同で社会インフラ整備に乗り出している。資金不足に悩む途上国にとっては、海外からの民間資金や技術の導入は救いの手であるが、導入される資金は援助資金ではなく、あくまで投資資金である。よって、PPP によって、社会インフラ整備が進んだとしても、そのサービスの利用に際して、海外の投資家への利益を保証する料金設定がなされることがある。実際に、PPP による水道整備において、水道サービスの改善がないままに、水道料金が上がってしまう事例（ボリビアやインドネシアなど）が生じている。また、民間資金を活用した開発には、インフラ開発を目的とした PPP 以外にも、貧困層を被支援者ではなく消費者としてとらえ、彼らの生活必需品を市場で供給する BOP（Base of Pyramid）ビジネスや、途上国の課題解決を目的とした

SDGs ビジネスが登場している。

　途上国政府の機能が不十分な中、こうした民間企業による開発課題の克服には多くの期待が寄せられているが、その一方で、極度の貧困状態にある人々や、貯蓄や年金収入がない高齢者など、消費者としてサービスを受けられない人々への対応は課題として残されている。貧困と高齢化の同時進行という困難な状況を考えれば、民間資金の導入だけでなく、さまざまな社会課題を解決する主体としての政府の機能を強化する必要があるだろう。

3.6　成長至上主義を越えて

　経済のグローバル化の中で、海外からの投資を受け入れ、経済成長と消費の豊かさを享受してきた途上国であるが、同時に、抱えている問題も大きい。中所得国から高所得国への移行が見通せず、福祉国家への展望が開けないままに、高齢化が進んでいる。

　かつて、先進国は、政府が主体となって、技術開発や中小企業支援などの産業政策を推進し、国際的な産業競争力を高めると同時に、福祉国家のもとで、社会保障や累進課税の仕組みを作り、所得の再分配を実現することで、貧困や格差の拡大を防ぎ、成長を消費面から支えた。しかし、現在の途上国が置かれている経済環境は、先進国のかつてのそれとは大きく異なっている。産業の情報化・知識化による、生産の高度化が加速する中で、途上国の産業政策への関与は限られており、また、グローバル企業が世界中に展開することで生まれる底辺への競争は、途上国における福祉国家の実現を困難にしている。

　途上国の人々が貧しいのは、経済成長が足りないからだろうか。もちろんそうだろう。投資がなされ、生産が拡大し、雇用が生み出されれば、人々の所得が上がり、貧しさから抜け出すことができる。しかし、途上国の人々は、基礎的な社会サービスが政府から十分に供給されず、それらを手に入れようとすれば、市場で買わなければならない。人々は、そのために所得を増やさなければならず、所得を増やすために経済成長が求められる側面もあるのではないだろうか。つまり、累進課税による徴税がなされず、貧困層への社会支出がなされていないという、所得の再分配上の問題を解決できないから経済成長が求めら

れるのである。成長の果実が広く行き渡らない構造がある以上、経済成長のとらえ直しが必要だろう。途上国が抜け出さなければならないのは、「中所得国の罠」というよりは、「成長至上主義の罠」なのかもしれない。

　これまで、中所得国の罠をめぐる議論では、「どうすれば中所得国の罠にはまらずに済むのか」といった問いが発せられてきた。しかし、本章の問題意識に立てば、「高所得国の仲間入りをせずに福祉と生活の質を向上させることは不可能なのか」、「あらゆる国が中所得国の罠にはまらず高所得国の仲間入りをすることができるのか」といったように、議論の前提を疑う、根源的な問いを発することもできるだろう。

参考文献

Acemoglu, Daron and James A. Robinson, 2012, *Why Nations Fail: The Origins of Power, Prosperity, and Poverty,* New York: Crown Publisher.（鬼澤忍訳, 2013, 『国家はなぜ衰退するのか——権力・繁栄・貧困の起源』（上・下）早川書房.）

Banerjee, Abhijit V. and Ester Duflo, 2011, *Poor Economics: A Radical Rethinking of the Way to Fight Global Poverty,* New York: Public Affairs.（山形浩生訳, 2012, 『貧乏人の経済学——もういちど貧困問題を根っこから考える』みすず書房.）

大泉啓一郎, 2007, 『老いてゆくアジア——繁栄の構図が変わるとき』中央公論新社.

第 Ⅲ 部

主な国・地域の経済を学ぶ

第**9**章

グローバル化と米国経済

——消えるアメリカン・ドリームと広がる格差——

■キーワード
ラストベルト、フォーディズム、新自由主義、グローバリゼーション、北米自由貿易協定（NAFTA）、情報通信技術（ICT）革命、シンボリック・アナリスト、貿易摩擦、ポピュリズム

　2010年代の後半は、第二次世界大戦後に構築された国際貿易体制が激しく動揺する時期となった。その震源地となったのが、戦後の国際経済を主導してきた、当の米国であった。2017年に大統領に就任したD・トランプ氏は、一方的に関税を引き上げる等の手段によって、自らの支持層へのアピールとなる譲歩を貿易相手国から引き出そうとしてきた。本章では、米国発の国際経済の「地殻変動」を理解する上で欠かせない、米国の白人下位中間層の窮状と不平等が広がった米国経済の実態、およびそれらの要因について考察する。そして最後に米国が引き金を引いた貿易摩擦の問題に触れ、それが格差の縮小や米国全体の産業の再生につながるか考えてみたい。

第1節 「トランプ・ショック」の原動力

1.1 ラストベルト

　『ルポ　トランプ王国』は、「なぜトランプがこれほど支持されるのか」を問うた意欲的な著作である。著者は、これまであまり日本で紹介されてこなかった米国の地方の実態を熱心に取材している。白人下位中間層の没落が地域や

人々の暮らしに与えた影響について、同書は次のように述べている（金成2017: iii, 48-9）。

　2012年の大統領選で共和党候補が敗北し、2016年にトランプ候補が勝利した6州のうち、フロリダ以外の5州が、五大湖周辺に位置する通称**ラストベルト**（Rust Belt, さびついた工業地帯）を形成している。そこはかつて製造業が栄え、高卒の労働者がまっとうな給料を稼ぎ、分厚い中間層が居住する地域だった。ラストベルトの労働者の多くは労働組合に属しており、民主党を支持する傾向が強かった。

　しかし今日、状況は大きく様変わりしている。ラストベルトを象徴する街、オハイオ州ヤングスタウンでは、1970年代頃からグローバル化や技術革新の影響を受け、製鉄所の閉鎖や縮小のため雇用が大幅に減少し、人口は60年代の16万人超から6万5000人（2015年推定）に減少した。相対的貧困率は全米の13.5％をはるかに上回って38％を超えている。家計所得の中央値も、全米の5万3889ドルの半分以下である約2万4000ドルにとどまっている。

1.2　追い詰められる白人下位中間層

　このように、雇用の喪失や低所得という経済的困難はそれ自体深刻な問題であるが、それだけにとどまらない大きな悪影響を人々に与えている。

　近年、米国の白人中年（45～54歳）の死亡率が高まっていることが明らかになった（Case and Deaton 2015）。また、高卒以下の学歴層では、25～64歳のすべての年齢層の白人の死亡率が高まっていることも、わかってきた。米国以外の他の先進国や、米国内でも他の人種や高学歴層では、死亡率は下がっているので、こうした米国の白人の低学歴層での死亡率の高まりは、異様な事態だといえる（Case and Deaton 2017）。以下では、これらの事実のうち、研究者らによって「絶望死」と名づけられた白人中年の惨状について、詳しく見てみよう。

　1978年から1998年までの20年間、白人中年の死亡率は年平均2％低下していた。それが1999年から2013年までの14年間には、年0.5％増加している。後者の期間において、もし前者の期間と同じ率で死亡率が低下していれば、48万

8500人が死を避けられたことになる。とりわけ死亡率を引き上げているのが、学歴が高卒以下の白人中年である。1999年から2013年の間、彼らの10万人あたりの死者の数は134人増加した。それに対して大卒以上の学歴保持者の場合、同指標は57人減少している。白人中年の死亡率を増加させている死因は、第1番目が薬物中毒やアルコール依存症、第2番目が自殺、第3番目が慢性肝疾患となっている（Case and Deaton 2015：15078-9）。

　ラストベルトの人々は、このような状況を生み出した原因を、これまでの政治のあり方、つまりエスタブリシュメント（既得権層）とマイノリティ（移民等の社会的少数派）を利する政治にある、と考えるようになった。それゆえに、その路線を踏襲するとみなしたかつての支持政党である民主党と、その候補者のH・クリントンを2016年の大統領選挙で拒否したのである。そのことが大方の予測を裏切り、トランプ候補を大統領に押し上げることにつながったのだった。

第2節　拡大した不平等の実態とその要因

　前節で紹介した白人下位中間層と対照的な存在が、少数の富裕層である。米国の富は、上位の一部の人々にますます集中するようになっている。この節では、極端なまでに不平等が拡大した米国経済の実態とその要因について見ていきたい。

　参照する資料は、『米国経済白書』である。以下、その2016年版の第1章「米国の包括的成長」の内容によりながら、米国の格差問題の深刻さに触れてみよう（Obama and Council of Economic Advisers 2016＝2017）。

2.1　3つの不平等とその相互の関係

　経済的不平等は主に所得、資産、機会の3つに分けることができる。一方で、これら3つの不平等は個別的な現象ではなく、相互に密接に関係している。資産の不平等の一部は所得の不平等の結果である。また機会の不平等は、所得と資産の不平等を生み出す原因となる。そしてこれらの不平等が、さらに

機会の不平等を広げていく。したがって、所得や資産の不平等を個人の努力の結果としてのみ考えることは、正しくない。3つの不平等は、それぞれが他の不平等の原因となり、また結果にもなるという悪循環の関係にあることを、おさえておかなければならない。

①　所得の不平等

1980年代半ばまで、米国の上位1％の個人の所得（株式などの売却益であるキャピタル・ゲインを除く）のシェアは、他のG7先進国の上位1％の個人と同様のシェアだった。しかし1987年以降、米国の上位1％の個人に集中する所得のシェアは、他のG7先進国のそれを上回るようになった。それ以降も米国と他のG7先進国との差は拡大している。

T・ピケティ（『21世紀の資本』の著者）とE・サエズによれば、米国の上位1％の個人の総所得が米国全体の総所得（次に述べる労働所得と資本所得の合計）に占めるシェアは、1970年の8％から2010年の17％に上昇している。所得の不平等の拡大要因は、労働所得（賃金、給料、給付）の不平等によるものが68％、資本所得（キャピタル・ゲイン、配当、利子）の不平等によるものが32％であった。総所得と資本所得には、総所得が高い者ほどより多くの資本所得を得ているという関係がある。また今日に近づくにつれて、不平等の原因として資本所得の不平等が重要性を増してきている。

労働所得と資本所得をあわせた所得の上位0.1％に入っている人々の職業を見ると、約40％は非金融業の経営者、約20％は金融のプロフェッショナルである。残りの約40％は、法律、医療、不動産、メディアなど多岐にわたっている。

②　資産の不平等

サエズとG・ズックマンは、米国の資産の不平等の原因が、最上位の家計への資産の集中によるものであることを示した。彼らが行った推計によれば、全家計の資産に占める上位0.1％の家計に保有される資産のシェアは、1979年の7％から2012年には22％に上昇している。これは、同期間の前の数十年間において見られた低下傾向を逆転させる現象である。その結果、上位0.1％の家計に保有される資産のシェアは、大恐慌が発生した1929年の水準にほとんど逆戻

りした状態となった。一方で、下位90％の家計の資産のシェアは近年大きく低下している。

　サエズとズックマンは、所得と資産の不平等には次のような循環的関係があると述べている。上位の資産保有者がより多くの所得を獲得する。そして彼らの高い貯蓄性向（所得の中から貯蓄に回す割合を示す数値）によって、所得の多くの部分が新たな資産の獲得に当てられる。その結果、上位の資産保有者への資産の集中が進む。このような過程を繰り返すことによって、上位の資産保有者への所得と資産の集中が高まっていくのである。

　このような過程を放置すれば、格差は拡大する一方である。本来であれば、所得分配を公平化する税制がとられるべきであるが、米国ではむしろ資産から得られる資本所得に対する減税が実施されてきた。つまり政策・制度の面からも、格差の拡大が促進されてきたのである。なぜこのような政策がとられるようになったのかについては、本節の2.2と次節の3.2および3.7で詳しく見ていきたい。

③　機会の不平等

　機会の不平等に関して、ここでは、低所得の家族の子供たちが受ける影響について注目したい。これは、現在の格差や貧困が次の世代に引き継がれるという負の連鎖に関わる問題である。

　世代間所得弾力性（親と子供の所得が相関している度合いを示す指標。この指標が高いことは、低所得の両親のもとに生まれた子供もやはり低所得者となりやすいことを表している）を、米国と同様の所得水準にある先進17か国の間で高い順に並べてみると、米国は5番目となっている。他方で、世代間所得弾力性が最も低い3か国は、北欧福祉国家のデンマーク、ノルウェー、フィンランドだった。皮肉にも、米国は、貧しい家庭に生まれても本人の才能と努力によって豊かになれるという、「アメリカン・ドリーム」を実現できる国ではなくなってしまったようだ。

　両親の社会経済的地位の違いは、多くの経路を通じて子供たちの間に機会の不平等を作り出している。たとえば、所得の不平等が広がると、子供に関する支出も不平等になる。所得5分位（すべての世帯を所得順に5段階に分けたもの）

で最上位に属する親は、子供のための本、コンピュータ等に対して、最下位に属する親の7倍も多く支出しているのである。その他にも、両親の社会経済的地位は、住宅、近隣の環境、食品の安全、医療ケアへのアクセスや、両親が子供とともに参加するさまざまな活動を通じて、子供にもたらされる機会の質と量に影響を与えている。

　もし児童期に有害な貧困のストレスにさらされ続けると、子供の潜在的な能力は開花することを妨げられてしまう。その結果、子供も将来低所得者となり、国全体で見れば、所得の不平等が悪化し、経済成長が制限されるという悪影響が発生してしまう。

2.2　不平等をどう考えるのか？

　一般に経済学は、不平等は市場における競争の結果として生じるもの、と考えてきた。つまり、人によって報酬が異なるのは各人の生産性の違いによるものだとしている。この考え方によれば、不平等は、人々により多くの報酬を得るための努力を促し、経済の効率性を高める効果をもっている。

　しかし、最近の研究から、不平等が成長にとって有害となるメカニズムが数多く提起されている。その理由は、第1に、社会全体の人々がその潜在力をフルに発揮するために必要となる教育へのアクセスを減少させてしまうこと、第2に、人々の企業家精神の発揮を減らしてしまうこと、第3に、極端な不平等は市場経済に対する信頼を損ねてしまうこと、第4に、政治的な不安定が増大すること等、である。

　さらに、不平等の原因として、市場における競争以外の要因も重要であることが近年強調されるようになった。それが、レントと呼ばれる非生産的な手段によって得られた所得である。たとえば、投資家や高額の所得を得ている者の中には、彼らの仕事に見合った金額をはるかに超えて所得を得ている者がいる。そのような不労所得を得る典型的な手段は、政治家へのロビー活動、政治献金等のレント追求活動である。米国の富裕層は、これらの手段によって政治家に働きかけ、前述したような資本所得に対する減税など、政策や制度を自らがより豊かになる上で有利な方向へ転換させてきた。このようなレント追求活

動は、不平等を悪化させ、経済成長を阻害する有害な活動だといえる。

　経済成長の恩恵を広く社会全体に行き渡らせるためには、不平等を縮小することに取り組まなければならない。機会が多くの人々に広く開かれているとき、市場メカニズムは最も効果的に成長を促進するからである。さらに、レント追求活動を減らすことも必要である。以上の課題の解決で大きな成果を上げることができれば、生産性を上昇させつつ、多くの国民の生活水準を向上させる道が開かれてくるだろう。

第3節　不平等を拡大した政治経済上の構造変化

　第1節では白人下位中間層の窮状を、第2節では極端に拡大した米国の不平等の問題を見た。第3節ではそれらを生み出した米国の政治経済上の構造変化について、具体的に見ていきたい。まず米国の経済構造の変化について3.1〜3.6で取り上げ、次に米国における政治のあり方の問題について3.7で見ていこう。

3.1　フォーディズムの成立とその終えん
①　フォーディズムの成長モデル
　今日、米国の中間層の中で下位に位置する人々が貧困層に転落しつつある。しかし、米国にはかつて分厚い中間層が存在し、経済成長の原動力となっていた。第二次世界大戦後から1970年前後までの「資本主義の黄金時代」と称される時期において、米国の持続的な経済発展を支えたのは、「フォーディズム」と呼ばれる大量生産・大量消費方式の成長モデルであった。

　フォーディズムの語源は、米国の代表的自動車メーカーの1つであるフォード社である。同社で先駆的に採用された大量生産・大量消費方式（単純化された反復作業を行う労働者が専用機械を操作しながら各部署を受けもち、その全体をベルトコンベヤで結ぶ生産方式、および工場の規律に従う労働者に対して高賃金を支給し、その製品の購買層にすること）をもとに、国民経済全体の成長モデルを定式化したのが、フォーディズムという概念である（山田 1993）。

　フォーディズムによる成長のメカニズムは、以下のようなものである。ま
ず、大量生産による生産性の上昇に連動して賃金が上昇し（生産性インデックス
賃金）、消費が拡大する。次いでこの消費拡大が投資を刺激し、消費・投資の
両面から需要が拡大する。投資の拡大による新しい機械設備の導入と需要の拡
大による規模の経済が、生産性をさらに高めるので、賃金もさらに上昇する、
という好循環である。このようにフォーディズムとは、内需（賃金・消費）主
導型成長モデルといえるものである。

②　フォーディズムを支えた要因

　生産性の上昇を賃金の上昇に連動することができた要因として、第1に、圧
倒的な技術的優位性と寡占的な市場支配力を有した米国の大企業が、きわめて
高い収益性を実現したことがある。第2に、労働者の購買力の拡大を図る制度
が整備されたことである。1929年に始まった大恐慌を克服するために実施され
たニューディール政策の一環として、1933年に全国産業復興法が制定された。
同法を皮切りに、労働者の権利を保障する法整備が進み、労働者の団結権や団
体交渉権が認められ、最低賃金が定められるようになったのである（谷口
2017）。

　その他の要因として、第二次世界大戦後の国際経済体制を構築する上での基
本理念を挙げることができる。第二次世界大戦後の国際経済体制は、戦前の自
由放任型の資本主義によって投機的な国際資本取引、世界的な大恐慌、各国の
保護主義、世界大戦が引き起こされたという反省を踏まえて構築された。その
狙いは、第1に、自由放任主義でも保護主義でもなく、国際的な開放性と国内
経済政策の自律性を両立させること、第2に、投機的な資本移動によって引き
起こされる実体経済の混乱を避けることであった。このような「埋め込まれた
自由主義」と呼ばれる国際経済体制のもとで、各国は完全雇用政策を実施する
ことが可能となり、フォーディズムの成長モデルを支えることができたのであ
る。

③　フォーディズムの終えん

　労働者に自動車、一戸建て住宅、家電製品等を購入できる大衆消費社会をも
たらしたフォーディズムであったが、1970年代には限界が明らかになっていっ

た。その要因は、第1に、少品種大量生産型のフォード生産方式によって供給される製品が画一的であり、一定のニーズが満たされてしまうと、消費者はより多様な製品を求めるようになったことである。しかし、フォード生産方式ではこのような需要の変化に上手く対応することができなかった。

　第2に、トヨタ生産方式（「JIT（ジャスト・イン・タイム）方式」または「リーン生産方式」とも呼ばれる）に代表される、より効率的で柔軟な生産システムを採用した他国の企業が、米国企業の競争力をそいでいったことである。その結果、米国企業は高い利潤を得ることが難しくなった。このような事態に直面した米国企業の経営者は、労働者の数とその賃金を抑制または削減しつつ、生産性を高めることで利潤を増やそうとした。これは次に触れる**新自由主義**と深く関係している。

3.2　新自由主義とは何か？

　新自由主義とは、富裕層や企業（特に大企業）経営者の経済的自由を広げることを支持する思想である。新自由主義に基づく政策・制度とは、市場競争に対する規制の緩和や廃止、賃金と雇用を景気変動に応じて柔軟に調整する労務管理、株主や経営者自身を優遇する企業経営、富裕層や企業の税負担を軽減する一方で中間層以下の負担は増やす不公平な税制度、財政支出を選別的に抑制・削減する「小さな政府」である。またこれらの政策・制度が国民全体の利益になるという理論的・思想的正当化が、経済学者やマスメディアによって行われたりもする（佐野 2013：18）。

　新自由主義に基づく政策・制度のもとでは、フォーディズムの下での内需（賃金・消費）主導型成長モデルとは対照的な、外需（利潤・投資）主導型成長モデルが採用される。この場合、市場は海外であり、企業は国内での賃金の支払いを抑えれば、輸出、利潤、投資を増やすことができ、成長する（その結果、経済全体の成長が促される）。したがって、経営者側は、賃金を需要や利潤を拡大する要素ではなく、もっぱら費用として認識するようになり、絶えずそれを引き下げようとする圧力をかけることになった。

　1980年代以降、このような新自由主義が米国の経済政策の基本原理となっ

た。最初に新自由主義を掲げ、根本的な経済政策の転換を図ったのが、1981年に誕生したレーガン政権であった。その経済政策は同大統領の名前をとり、レーガノミクスと呼ばれた。レーガノミクスは、大幅減税や規制緩和によってサプライサイド（供給面）から経済活動を刺激し、企業の生産能力を高めようとした。

　他方、レーガノミクスのもとで、労働者側は権利の譲歩をほぼ一方的に迫られることになった。規制緩和による競争が激化することに伴って、生産性インデックス賃金の放棄、企業の反労組的な労務管理とそれを助長する連邦政府によるストライキの弾圧、付加給付（企業の福利厚生）の削減、生産現場や雇用の柔軟化（作業上のルールと配置転換の柔軟化、米国版年功序列制度であるセニョリティ・ルールの形骸化）が行われた。レーガノミクス以降、フォーディズム的な労使の関係は崩れ、労働条件の持続的向上は過去の話となった（朝比奈（近藤）2005：68-9）。

3.3　グローバリゼーションの深化

　新自由主義の展開と連動して進んだのが、**グローバリゼーション**である。1980年代には、米国以外の先進国でも新自由主義への転換が見られたほか、国際通貨基金（IMF）と世界銀行に主導された構造調整政策によって、途上国の経済が市場原理に基づくものへと転換した（→第8章）。1989年のベルリンの壁の崩壊後には、社会主義体制の資本主義化・市場経済化が急速に進んだ。そして2001年に中国が世界貿易機関（WTO）へ加盟し、グローバル経済への統合を飛躍的に強化した（→第10章）。このような世界全体での経済政策と制度の根本的な転換が、グローバリゼーションを深化させていった。

　グローバリゼーションのもと、国際競争力の低下を補うため、米国多国籍企業は積極的に海外へ投資を行い、コストの低い外国で生産し、そこからの財やサービスの輸入を拡大した。同時に海外の他企業からも財やサービスの輸入を増やした。このような海外調達の拡大によって、米国の労働者は、雇用をめぐって途上国や新興国の労働者とより厳しい競争をしなければならなくなった。その結果、海外での生産と比較して米国での生産が割高となれば、生産の

拠点が海外に移り、米国の労働者は雇用を失っていった。

　またグローバリゼーションの深化は、もし労働者側が賃金や雇用条件に関して譲歩しなければ、海外調達を一層拡大するという経営者側の脅迫に現実性をもたせた。それによって、経営者側は労働者側に対する交渉力を高め、彼らの要求を労働者側に飲ませる上で有利な立場に立つことができた。

3.4　米国の通商政策の展開

　上記の多国籍企業の経営戦略を支援することが、米国の通商政策の重要な目的となった。1994年に、米国、カナダ、メキシコを加盟国として発効した**北米自由貿易協定（NAFTA）**もその１つである。NAFTA は貿易の自由化のみならず、加盟国間における投資の自由化とその保護に関する規則を定めており、「自由貿易投資協定」と呼ぶべき内容になっている。さらに知的財産権の保護や投資家対国家の紛争処理（ISDS）に関する規則も、協定に盛り込まれた。これらも、多国籍企業が貿易や投資から得る利益を守る上で重要な規則である（→第4章）。

　所は、NAFTA が北米域内の分業構造に与えた影響を分析している（所 2017 : 60, 68）。それによれば、域内の最大取引品目である自動車関連産業の米国の貿易赤字額は、1994年から12年間で約2.5倍となった。その最大の要因となった国が、NAFTA 発効後、対米黒字額を約5.3倍に増加させたメキシコであり、同国はカナダ・ドイツを抜き去り米国にとって同産業における世界第2位の赤字相手国となった。その背景には、メキシコを組立生産・輸出基地として利用し、日・欧自動車メーカーに対して競争力を強化しようとした米国ビッグスリー（三大自動車メーカー）の海外調達戦略があった。

　さらに所はこの戦略が、米国の国内産業や雇用にどのような影響を及ぼしたのかを分析している。自動車産業を含む輸送機械では、2000～06年に米国で約25万人雇用が減少した。一方、同産業は1998～2004年に世界全体で雇用を約30万人増加させており、メキシコは一国でその増加分の20％を占めている。このように、米国自動車産業における雇用の減少と NAFTA を活用した海外調達の拡大には関連性がある。

WTO も、米国の通商政策上、重要な意味をもっている。WTO の規則は財貿易のみならず、サービス貿易、貿易関連知的財産権（TRIPS。WTO 協定締結時の呼称は貿易関連知的所有権）と貿易関連投資措置（TRIMs）の分野に及んでおり、GATT（関税及び貿易に関する一般協定）時代よりも紛争解決手続きが強化されている（→第 4 章）。WTO を通じて米国が実現しようとした狙いはNAFTA と同様であり、国内の雇用の確保よりも多国籍企業の利害に沿った国際経済制度を形成することが、その意図であった。

　このような通商政策の展開によって、米国多国籍企業の貿易と投資からの利益が世界大で保護されることになり、海外事業活動のリスクが大幅に低下した。米国多国籍企業は市場をグローバルな規模に拡大し、その結果、利益を大幅に増加することができた。

3.5　ICT 革命

　1990年代以降、急速に進行した**情報通信技術（ICT）革命**は、産業発展の基盤となるインフラの面での大きな変化であるとともに、世界経済の構造自体を根本的に変化させていった（→第 3 章）。インターネット等の ICT の発展によって、電子化された情報を大量に瞬時に低コストで海外に送ることが可能となったのである。このことはヒト・モノ・カネの正確で大量の国際的移動も容易にした。このように ICT 技術の革新は、前述の通商政策と共に、企業が国境の壁を乗り越え、世界大で事業展開することを容易にし、グローバリゼーションの深化を促したといえる。

　ICT 革命と連動したグローバリゼーションの深化によって、中国やインドなど新興国の企業が、米国向けに低価格の製品とサービスの輸出を増大させていった。それは米国企業にとって、国内市場をめぐる価格競争の激化を意味していた。米国企業は、賃金コストの抑制や削減、海外調達の推進、生産性を向上させるために新たな機械や設備へ投資することでこれに対応した。しかし、それは低技能の労働者と定型的な情報処理を行うホワイト・カラーの事務職（次の **3.6** で見る「ルーティン生産サービス」の従事者に当たる）の労働条件の悪化や、雇用の喪失を招くことになった。

　またICT革命は、情報化投資の増加を通じて米国企業の生産性を上昇させた。他方で、それはコンピュータ等の情報化投資によって代替される労働者の雇用と所得の減少につながった。その結果、米国企業の経営の合理化が進展し、経営者や株主などの所得が増加する一方で、所得格差が拡大していくことになったのである。

　ICT関連産業は、インターネットが普及した1990年代後半から米国経済の新たなリーディング・セクターとなった。同産業の代表的企業として、現在ではGAFA（グーグル、アップル、フェイスブック、アマゾンのアルファベットの頭文字をとった略称）などがよく知られている。これらの企業で働くエンジニア（次の箇所で述べる「シンボリック・アナリスト」の一員）が、その能力に応じて高額の所得を得られるようになったことも、米国の所得格差の拡大に影響した。

3.6　グローバリゼーションのもとでの職の二極分化

　グローバリゼーションが深化しようとする1990年代の初頭に、格差と分断が広がる今日のアメリカの姿を的確に見通していたのが、R・ライシュだった。

　ライシュはグローバル化によって、米国企業の成長と米国経済の繁栄との関係性が薄らいだことを指摘した（Reich 1991＝1991）。フォーディズムの時代においては、「GMにとって良いことは国家にとっても良いことだ」という図式が成り立っていた。当時、米国企業は主に国内で生産を行い、今日から見れば好条件の雇用を提供していた。米国企業の成長は米国経済の繁栄と強く結び付いていた。しかし、米国企業の活動がグローバル化し、3.3～3.5で見たような事態が生じた。つまり「米国企業にとって良いことは米国経済にとっても良いことだ」とは必ずしもいえなくなったのである。

　以上のようなグローバル化の状況を念頭に、ライシュは、米国経済にとって重要なことは高い付加価値を生み出す職に就く人々を多く生み出すことであると述べた。そしてその観点から、世の中の職種を「ルーティン生産サービス」、「対人サービス」、「シンボル分析的サービス」の3種類に分類した。「ルーティン生産サービス」は、モノの生産や情報の処理などで単純な反復作業を繰り返す職種である。生産現場でのブルー・カラーの仕事のほか、顧客への連絡、給

与支払い等、単純な情報を処理する仕事もこれに当たる。「対人サービス」は、人に対して直接サービスを提供する職種であり、小売店・飲食店の店員、介護従事者、旅客機の客室乗務員などである。「シンボル分析的サービス」は、問題の発見や解決、事業の戦略を担う各種の専門職である。ソフトウエアなど各種技術者、投資銀行家、法律家、経営など各種コンサルタントなどが含まれる。

　グローバリゼーションのもとでは、ライシュが「**シンボリック・アナリスト**」と命名した「シンボル分析的サービス」に従事する人々が豊かになる一方、「ルーティン生産サービス」と「対人サービス」に従事する人々は貧しくなる、と彼は予見した。その理由は次の通りである。「シンボリック・アナリスト」は、グローバル化によって彼らの市場が世界全体に広がり、市場が米国に限られていた時よりもはるかに大きな所得を手にすることができるようになった。他方で「ルーティン生産サービス」の職は海外に移転するか、機械化が進み米国内から激減している。また「対人サービス」は対面で行うサービスのため海外に移転せず、国内での雇用が増加しているが、低賃金、低スキル、重労働、単調な作業の繰り返しという雇用条件の悪い職が多い。その理由は、第1に「ルーティン生産サービス」で雇用が減少した結果、職を求めた元「ルーティン生産サービス」の労働者が、「対人サービス」に流入していること、第2に「対人サービス」は、ヒスパニックなど比較的近年米国へ移民してきた人々が就きやすい仕事であることが挙げられる。

3.7　富裕層および大企業と政治の関係

　しかし、米国の格差は、以上で見た経済構造の変化だけが原因で拡大しているのではない。政策の変化が影響しているものとして、次の4点をあげることができる。第1に、数十年にわたって最低賃金が実質的に減少したこと、第2に、労働組合の交渉力が低下したこと（民間部門の労働組合の組織率は1973年の24％から2011年には7％にまで低下した）、第3に、国際競争の激化がとくに低学歴の労働者とその賃金に悪影響を与えたこと、第4に、所得税の最高税率が大幅に引き下げられたことである（Autor 2014：849-50）。

　これらは、すでに紹介したレントおよび新自由主義に関わる問題である。レントや新自由主義に関する議論はどの程度、米国政治の実態に即したものといえるだろうか。米国における1981年から2002年の間の1779の政策決定過程を分析し、それに対する社会諸集団の影響力を推定した研究によれば、経済エリートと経営者団体が政策に重大な影響を与えていた。他方で、平均的な市民や大衆団体はほとんどまたはまったく影響を与えていなかったという（Gilens and Page 2014）。

　同研究の成果に基づき、ライシュは近著の中で「政治家は個人資産家の要求や大企業の利益、すなわち最強のロビー力を備えるとともに最大の資金供給源である人々の要求や利益に応えている」、「本質的な問題は経済ではなく政治にある。経済システムの基本ルールが経済エリートの支配下にある状況では、その支配力の背後にある政治的権力の所在を変えることなしに改革を行うことはできない」（Reich 2015＝2016：221-2）と述べている。

　第2節で米国の所得と資産の不平等が拡大しており、本来は所得分配を公平化する税制が取られるべきであるにもかかわらず、実際にはむしろ資本所得に対する減税が実施されたことを指摘した。上記の研究は、このような経済的合理性を欠く政策が取られる背景として、米国の民主主義が危機的状況にあることを示している。

第4節　トランプ政権の通商政策

　「トランプ・ショック」を生み出した原動力は、米国政治の中で「忘れ去られた人々」となっていた没落する白人下位中間層の「絶望」と「怒り」であった。トランプ大統領の政策には、固い支持層である彼らに向けられたものも含まれてはいた。

　しかし、同政権の政策の多くは米国一国にとどまらず世界全体を震撼させるものであり、その弊害はきわめて大きかった。そして金融部門の規制緩和、医療保険制度に対する支出削減、個人所得税の最高税率や法人税の税率の引き下げ等（しかも法人税では、主に大企業が主な対象となる研究開発税額控除などの優遇措

置が維持されたままである）、新自由主義に基づいた富裕層・企業経営者重視の
経済政策を一層推し進めていた。それは、白人下位中間層を追い詰めたこれま
での米国の政治経済のあり方を強化するものであった。したがって、トランプ
大統領が政治的支持を取り付けるために白人下位中間層に受けの良い政策を一
部進めたとしても、それは彼らの救済を真剣に考えたものとは言い難かった。
　この節では、世界的にもきわめて影響が大きかったトランプ政権の通商政策
について取り上げる。その際、農業、エネルギー、環境の問題にも触れてみた
い。なぜなら第1に、米国が農産物とエネルギーの供給において世界有数の国
であり、かつそれらは通商政策から大きな影響を受けるからである。第2に、
農産物およびエネルギーの生産と輸出が、国内外の環境問題に深刻な影響を与
えているからである。

4.1　貿易摩擦

　トランプ政権の通商政策は、環太平洋パートナーシップ（TPP）協定からの
離脱、NAFTA の再交渉、中国をはじめとする各国との**貿易摩擦**を引き起こ
した関税の引き上げという、自国中心的で保護主義色の強いものであった。こ
のような政策は、鉄鋼やアルミ産業など、米国において比較劣位化した産業の
関係者に対する強い政治的アピールとなった。しかし、それは相手国からの報
復措置を招いた。その結果、2018年に世界経済は、主要国が相互に貿易制限措
置を発動するという深刻な貿易摩擦の状況に陥り、さまざまなリスクが懸念さ
れるようになった。

4.2　エネルギー輸出に対する影響

　皮肉なことに、トランプ政権の通商政策によって引き起こされた貿易摩擦
は、大統領の支持基盤にも打撃を与えた。トランプ大統領は、エネルギー開発
を阻害してきた規制を除去し、米国のエネルギーを世界に輸出することによ
り、国内に雇用を創出していくと宣言した。そして政権の成果として、キース
トーン XL パイプライン（炭素含有量の多いカナダのオイルサンド由来の原油をメキ
シコ湾沿岸の米製油所に輸送するためのパイプラインで、環境への懸念からオバマ政権

が建設を差し止めてきたもの）の建設の承認と、地球温暖化対策の国際ルールである「パリ協定」（→第1章）からの離脱を謳った。

　米国がエネルギー輸出を加速させようとした一方、中国は米国の保護主義に対抗し、米国からの液化天然ガス（LNG）輸入に対して報復関税を課した。2017年、米国のLNG輸出の15％は中国向けであり、米国にとって中国は3番目のLNG輸出先であった。

　両国間の貿易摩擦問題に対し、2018年12月に行われた米中首脳会談で、米国は2019年1月に予定していた追加関税の引き上げを90日間猶予する一方で、中国は米国産のエネルギーの輸入を、次に見る農産物などと共に大幅に増やすことで一旦合意した。しかし、米国と中国は、中国の産業補助金という、お互い妥協できない問題で折り合えず、2019年5月に、米国は、中国からの輸入のうち、約2000億ドル分に対する追加関税の税率を25％に引き上げた。これに対抗し、中国は、同年6月に、LNGなど約600億ドル分の米国製品に対する追加関税率を最大で25％に引き上げた。それ以降も、両者は相手国に対して追加関税をかけた。米中の間で、2020年2月に第一段階の経済・貿易協定が発効したが、貿易摩擦は両国の覇権争いとも関わっており、打開する見通しが立っていない（→第10章）。

4.3　農産物輸出に対する影響

　共和党の地盤である中西部の農畜産業者も、中国からの報復関税によって打撃を受けた。米国の農業にとって海外への輸出は貴重な活路となっているだけに、その影響は大きかった。

　それでなくても、米国の農業と農家の置かれている状況は今日厳しい。その理由は、第1に、米国の食品の多くに含まれるという遺伝子組み換え作物を拒絶する動きが国内で広がっていること、第2に、化学肥料・家畜の排泄物による水質汚染など農業に起因する環境破壊に対して国民から厳しい目が向けられていること（→第1章）、第3に、所得の落ち込みによる農業従事者の自殺と薬物依存が蔓延していることである（菅 2018：4-5）。こうしたなかで、中国からの報復関税による打撃が加わったので、中西部の農家はいよいよ苦しくなった

のである。

　2017年の米国産農産物の輸入額の多い国は上から順に、カナダ、中国、メキシコ、日本だった。トランプ政権がNAFTAからの離脱をほのめかし、中国との貿易摩擦の引き金を引き、TPPから離脱したことによって、米国の農業関係者から大きな不満の声が出たのは当然であった。米国・メキシコ・カナダ協定（USMCA）という新たな貿易協定の締結や、米国からの輸出を拡大するために中国や日本と交渉することが、同政権にとって焦眉の課題となったのは、このためである。

　以上のように、トランプ大統領の通商政策は、世界的にも国内的にも大きな負の影響を生み出した。それによって保護される米国の産業やその関係者がいたとしても、適切な政策だったとは到底いえるものではなかった。

　本章でこれまで見てきたように、米国の格差拡大の要因は多岐にわたり、それらは相互に強化し合う関係になっている。このままでは米国の下位中間層がますます貧困層に転落していくと考えられ、これを防ぐ総合的な政策が必要とされている。さもなければ、**ポピュリズム**（カリスマ的指導者がエリート層による政治に対して疎外感をもつ人々を扇動することによって支持を獲得する政治手法）に基づく社会勢力が今後も米国で影響力を維持し、世界中の人々がその深刻な悪影響を被り続ける可能性があることを、わたしたちは覚悟しなければならない。

参考文献

朝比奈（近藤）剛，2005，「労働市場の変遷とそのインパクト」萩原伸次郎・中本悟編『現代アメリカ経済——アメリカン・グローバリゼーションの構造』日本評論社．63-79.

Autor, David H., 2014, "Skills, Education, and the Rise of Earnings Inequality among the "Other 99 Percent"," *Science*, 344（6186）: 843-51.

Case, Anne and Angus Deaton, 2015, "Rising Morbidity and Mortality in Midlife among White Non-Hispanic Americans in the 21st Century," *PNAS*, 112(49): 15078-83.

————, 2017, "Mortality and Morbidity in the 21st Century," *Brookings Papers on Economic Activity*, Spring: 397-476.

Gilens, Martin and Benjamin I. Page, 2014, "Testing Theories of American Politics: Elites, Interest Groups, and Average Citizens," *Perspectives on Politics*, 12(3): 564-81.

金成隆一，2017，『ルポ　トランプ王国——もう一つのアメリカを行く』岩波書店．

Obama, Barack and Council of Economic Advisers, 2016, *Economic Report of the President: Transmitted to the Congress, February 2016: Together with the Annual Report of the Council of Economic Advisers*, Washington, D. C.: United States Government Printing Office.（萩原伸次郎監修・『米国経済白書』翻訳研究会訳，2017，『米国経済白書 2016』蒼天社出版．）

Reich, Robert B., 1991, *The Work of Nations: Preparing Ourselves for 21st-Century Capitalism*, New York: Alfred A. Knopf.（中谷巌訳，1991，『ザ・ワーク・オブ・ネーションズ——21世紀資本主義のイメージ』ダイヤモンド社．）

————, 2015, *Saving Capitalism: For the Many, Not the Few*, New York: Alfred A. Knopf.（雨宮寛・今井章子訳，2016，『最後の資本主義』東洋経済新報社．）

佐野誠，2013，『99％のための経済学【理論編】——「新自由主義サイクル」、TPP、所得再分配、「共生経済社会」』新評論．

菅正治，2018，『本当はダメなアメリカ農業』新潮社．

谷口明丈，2017，「現代アメリカ経済史の歴史像」谷口明丈・須藤功編『現代アメリカ経済史——「問題大国」の出現』有斐閣，473-91．

所康弘，2017，『米州の貿易・開発と地域統合——新自由主義とポスト新自由主義を巡る相克』法律文化社．

山田鋭夫，1993，『レギュラシオン理論——経済学の再生』講談社．

第 **10** 章

グローバル化と中国経済

——「世界の工場」への道程とその今後——

■キーワード
　156プロジェクト、四三方案、改革・開放、経済特区、外資導入、WTO 加盟、ジニ
係数、一帯一路、中国製造2025

　中国の経済規模は、1980年代以降の持続的高成長を経て、2010年に日本を超
えて世界２位となった。中国の高成長は、中国を大きく変貌させたのみなら
ず、世界経済に地殻変動が起こる重要な背景にもなっている。いつの間にか、
世界経済は中国の影響を抜きにして語ることができない時代に入ったのであ
る。では、中国はなぜ経済発展が非常に立ち遅れた一発展途上国から、経済規
模だけでなく、多くの産業分野で先進国と競争できるような国になったのか。
本章では、主に対外経済関係の視角から、中国の変貌をもたらした諸事象を時
系列的に見た上で、最近の展開や今後の課題を考えよう。

第１節　中国経済の変貌

1.1　世界２位の経済規模

　一国の経済の規模は、国内総生産（GDP）で表すことが多い。中国の名目
GDP の推移を見ると、1960年に597億ドル、1978年に1495億ドルであったが、
2000年には１兆940億ドルと１兆ドルの大台に乗り、2010年には６兆870億ドル
となって世界２位に浮上した。また、この2010年に、中国は工業生産額で１兆
9230億ドルに達し、アメリカの１兆8560億ドルを抜いて世界最大の工業国に

なった。

　2019年、中国の名目 GDP は14兆3429億ドルで、世界２位をキープしている。ただし、購買力平価（PPP）で測る場合、国際通貨基金（IMF）と世界銀行の発表によれば、中国の GDP はすでに2014年にアメリカを超えて世界１位になっている。

　一方で、国民の豊かさを見る上では、１人あたり GDP が重要な指標である。2019年の中国の１人あたり名目 GDP は１万276ドルで、アメリカの６万5240ドルや日本の４万286ドルとはまだ差が大きい。

1.2　科学技術の進歩

　2000年代に入って、中国は科学・技術の面でも、目を見張る進歩を見せた。

　科学研究の場合、重要論文の数で研究水準を比較することが多い。たとえば『ネイチャー』誌は、自然科学系の一流ジャーナル68誌での掲載論文から算出した「ネイチャー・インデックス」で、各国の科学の研究水準を比較している。2019年のネイチャー・インデックスでは、アメリカは２万153で１位、中国は１万3566で２位、ドイツは4546で３位、イギリスは3774で４位、日本は3025で５位となっている。中国は３位以下を大きく引き離しており、伸び率も高いことから、あと数年でアメリカに追い付くのではないかと予想できる。

　技術開発の面はどうか。一国の技術開発水準を測る時、国際特許（PCT 特許）の出願件数を見るのが一般的である。アメリカ、日本、中国の国際特許出願件数を見ると、2013年はそれぞれ５万7459件、４万3771件、２万1515件で、世界トップ３を占めていたが、2017年には、それらが５万6319件、４万8206件、４万8875件となって、中国は日本を抜き２位に浮上した。そして、2019年の同出願件数では、アメリカの５万7840件に対し、中国は５万8990件で、ついにアメリカを超えて首位に躍り出た。

　以下では、中国がこのような経済大国として台頭してきた経緯や原因を見た上で、中国が直面している経済的課題を考えてみよう。

第2節　独立自主から対外開放への転換

2.1　自主的外交路線の幕開け

　中国の正式名称は、中華人民共和国である。1911年、清王朝は辛亥革命によって倒され、その翌年の1912年に国民党政権による中華民国が誕生した。1949年、中国共産党は国民党政権との内戦を制して、中国大陸に社会主義政権の中華人民共和国を成立させた。

　一方、中国革命（19世紀半ば～20世紀半ばの中国での革命的諸過程の総称）の起因といえば、1840～42年のアヘン戦争以降の中国の急速な植民地化であった。1936年、中国の近代産業における外国資本の割合は、近代鉱工業と運輸で71.6％、鉄鋼・石油で95％、石炭・電力で75％、紡績で60％、食品で50％を占めていた（董主編 2001：32）。

　このように中国は、外国資本の中国経済における圧倒的な影響力によって、自ら経済を発展させる可能性を喪失させられた。したがって、建国後、どのような対外関係を構築するかは、新政権にとって非常に重要な問題であった。

　これについて、中国共産党は1949年3月に、平等な国際関係を実現するには、政権奪取後は帝国主義勢力の中国における利権を徹底的に清算する必要がある、との認識を示した。この立場は、東側陣営のリーダーであるソ連に対しても貫いた。実際、1949年12月に始まった中ソ同盟条約交渉で、ソ連側は中国東北部での利権の放棄に当初は難色を示したが、結局は中国側の固い意志で利権放棄に同意せざるをえなくなった。

　このように、中華人民共和国の対外関係は、アヘン戦争以降の列強の中国における特権の徹底的清算からスタートした。これは、中国市場が列強に門戸をこじ開けられて世界市場への編入を押し付けられてきたという歴史の幕閉じであり、同時に自らの意思で対外的な政治・経済関係を模索する時代の幕開けでもあった。

2.2　不利な経済発展の諸条件

　新政権の最大の課題は、疲弊しきった経済を回復させ、いち早く成長の軌道に乗せることであった。問題は、中国には経済成長を可能にする基本的な条件が果たしてあるのだろうか、ということだった。

　1950年、中国は5億5000万人を数える世界一の人口大国であり、農村人口が全人口の89%を占める農業国であった。労働力は豊富にあるが、1949年の識字率は20%未満で、教育水準は非常に低かった。

　1952年の中国の GDP 構造は、農業50.5%、鉱工業20.9%、サービス産業28.6%となっていた。最も重要な鉱工業の1949年の産出額は、軽工業73.6%、重工業26.4%であった。また、重工業といっても、採鉱業の割合が高く、最も重要な鉄鋼業はわずかであった。

　資本が不足し、労働力が豊富な国の場合、いわゆる労働集約的な軽工業が最初に発展し、資本集約的な重工業はその後に興される、というのが一般的な産業発展の経路とされている。しかし、1953年にスタートした中国の第一次五か年計画では、鉱工業全体への政府投資のうち、88.8%が生産財部門の重工業に割り当てられ、重工業志向の国家戦略が鮮明に示された。

2.3　なぜ重工業が優先されたか？

　重工業が優先された理由は3つあった。

　第1に、重工業は鉄鋼や機械などの生産財を提供する工業分野であり、一国の工業化のベースをなすものであるため、重工業の確立なくして真の工業化を目指すことはできない。

　第2に、重工業と国防産業との関係である。重工業がなければ、西側との対峙の中で、自国の安全を守るための国防産業をもつことができない。

　第3に、ソ連の重工業化政策の成功である。ソ連が1928〜32年に実施した世界初の五か年計画は、短期間でソ連を農業国から工業国へ変身させた成功例として、世界に大きな影響を与えた。

　建国時の中国は、1917年十月革命時のロシアよりもはるかに遅れている農業国であった。工業化、とりわけ重工業化を実現するには、莫大な資金と確固た

る技術力が必要不可欠である。中国は、その解決策をどこに求めたのだろうか。

　まず投資資金は、基本的に工業や農業など国内の蓄積を頼る。工業からは、主に税や国営企業の利潤などで拡大再生産の資金を得るが、農業からは主に農産物価格を低く抑え、工業製品価格を高く設定するという農工間の生産物価格差の形で資本蓄積を図る。いずれも、ソ連がとった政策を学んだものである。

2.4　ソ連の援助と「156プロジェクト」

　一方、工業技術は、中国が自力で解決できる問題ではまったくなかったため、ソ連の支援に全面的に頼るしかなかった。中国の第一次五か年計画期（1953〜57年）で決定されたソ連の対中援助プロジェクトは、計156項目に上ったことから「**156プロジェクト**」と呼ばれるようになった。その後、実際に実施されたプロジェクトは150項目であったが、「156プロジェクト」の言葉はそのまま残った。

　「156プロジェクト」は、対中プラント輸出の形をとり、中国にとって最も必要とされる企業の新規建設（一部は既存企業の改造）であった。実施された150のプロジェクトの産業分布は、石炭・電力・石油52、鉄鋼・非鉄金属20、化学7、機械24、兵器・航空機・船舶44、軽工業・医薬3で、ほとんどが重工業と軍需産業であった。

　援助とはいえ、「156プロジェクト」は設計図を除いてプラント供与や技術者派遣はすべて有償であり、中国はレアメタルや農産品などの現物でソ連に返済していた。しかし、ソ連が自国にも余裕がない中で、先進技術をこれだけ大規模に中国に供与したことは、世界史上にも前例のない技術援助であった。また、ソ連の対中援助は人材の育成も重要な一環であった。1950〜60年、ソ連で教育を受けた中国の科学者・技術者、教員、学生と労働者は3万8000人に上った。高等教育の面では、1949〜60年、中国でソ連専門家の指導のもとで養成された大学教員が1万7000人で、ソ連で養成された1700人を含めると、その時代の大学教員総数の約4分の1にも上った（張ほか 2004：251，263）。

　「156プロジェクト」をはじめ、ソ連の対中技術援助は1950年代を通じて304

項目に達し、いずれも中国が自力では短期間で整備できない工業・軍需分野に集中していた。これらの建設によって、中国の工業基盤が体系的となり、農業国から工業国への変身の根本的な一歩となった。

2.5　米中接近と「四三方案」

　1956年２月、ソ連のスターリン批判および西側陣営との平和共存路線をめぐり、中ソ間でイデオロギー論争が勃発した。1960年７月、ソ連が中国に派遣した技術者・専門家をすべて召還したことで、中ソ間の蜜月関係は終焉した。

　一方で、1970年代に入り、国際環境では中国に有利な変化が起きた。まず1971年10月の国連総会で、中華人民共和国政府が中国を代表する唯一の政府として承認されたことで、台湾の中華民国に取って代わり、国連安全保障理事会常任理事国を含む国連の代表権を得た。次にアメリカ、日本との関係改善である。1972年２月のニクソン大統領の訪中で、長年続いていた米中の緊張関係が大きく緩和した。同年９月には、日本の田中角栄首相が訪中し、日中は国交正常化を実現した。

　中国建国後、西側諸国は中国を封じ込める政策をとり、厳しい対中技術封鎖を敷いてきた。しかし上記の国際環境の改善が、中国にとって西側諸国から先進技術を導入する好機となり、早速1973年１月に西側からの大規模なプラント輸入計画がまとめられた。輸入規模は最初43億ドルだったことから、「**四三方案**」と呼ばれたが、輸入額は最終的に51億4000万ドルになった。

　「四三方案」は、前述の「156プロジェクト」以来の大規模な海外先進設備の導入である。「四三方案」の中身を見ると、化学肥料プラント13基、化学繊維プラント４基、石油化学プラント３基などのように、消費財の生産拡大に直結するものが多いことが特徴となっている。事実、これらの設備の稼働によって、中国の化学繊維製品、化学肥料の供給不足が大幅に緩和され、1984年以降の布、食糧の配給制の実質的廃止の条件が提供された。

2.6　改革方針の確定

　1978年末、中国共産党は第11期中央委員会第３回全体会議を開き、党の任務

の重点をイデオロギーから経済発展に移すとの方針転換を決めた。また同会議の決議では、対外経済関係について、自力更生に立脚しつつ、世界各国と積極的に平等互恵の協力関係を取り進め、世界の先進技術・設備の導入に努めるとも訴えた。この会議が定めた政策は、後に「**改革・開放**政策」と呼ばれ、新しい時代の幕開けの象徴となった。

　なぜ、中国はこのような方向転換をしたのだろうか。建国以来、国内での度重なる政治運動に大衆が疲れたこともあったが、西側の高い消費水準への憧れがより大きな原因であった。特に、アジアにおいて、日本は無論のこと、かつて中国と所得水準が比較的近かったアジア NIES（韓国、台湾、シンガポール、香港）の経済発展の勢いが、中国に危機感を募らせた。そして、日本およびアジア NIES の成功の原因は、市場原理を活かし、国際貿易を盛んに行った結果だと認識されていた。

2.7　外貨不足と経済特区

　とはいえ、当初、中国が考えていた「対外開放」とは、主に海外からの先進技術・設備の導入であり、以前の「156プロジェクト」や「四三方案」に通じるものであった。しかし、外貨不足が、この政策の大きな制約となった。実際、1978年、中国は外貨準備が15億6000万ドルしかない状況の中で、800億ドル規模の新たなプラント・設備の輸入計画を実施しようとした。後にこの新輸入計画は全面的な見直しを余儀なくされ、海外から顰蹙を買った。

　外貨不足に悩まされる中、韓国や台湾などの輸出加工区からヒントを得て、1980年8月、中国政府は広東省政府の深圳、珠海、汕頭を「貿易合作区」とする案をベースに、深圳、珠海、汕頭、厦門を**経済特区**と指定し、さらに1988年4月に海南島を追加指定した。

　経済特区設置の目的は、海外資本を利用して輸出品の生産基地を建設し、外貨収入を得ることである。経済特区への投資を奨励するため、外資系企業に対して、税、土地、雇用などの面での優遇政策が制定された。

第3節　外資導入と「世界の工場」

3.1　「国際大循環」論と二重為替相場制度の一本化

　しかし、インフラ整備や法制度などが原因で、1980年代の中国の**外資導入**は総じて低調であった。こうした中、1987年、中国の研究者・王建が唱えた「国際大循環」論は、局面打開の転機となった。「国際大循環」とは、中国が外資の力を利用して原材料・中間財を輸入し、完成品に仕上げて輸出するという加工貿易のサイクルを通して、雇用創出と外貨獲得を同時に狙うことである。この開発戦略は外資導入促進の法整備に拍車をかけ、1990年代以降の沿海部の外資誘致ブームを呼んだ。

　為替相場制度の変化も外資導入への影響が大きかった。1981～93年、中国はおおむね、公定レート、および外貨獲得コストを反映する実勢レート、という二重の為替相場制度をとっていた。実勢レートは、輸出入の決済や国営貿易企業の利益の査定に用いられた。中国政府は1994年1月から両レートを一本化し、人民元対米ドルレートを1ドル＝8.70元に設定した。この人民元の実質的な大幅な切り下げは、対中進出のコスト減、中国で生産した製品の輸出競争力の上昇という意味から、外資の中国進出への促進効果が大きかった。

3.2　WTO加盟と「世界の工場」に変身した中国

　一方、中国は、関税及び貿易に関する一般協定（GATT）に入ることが対外開放に有利である、と判断した。中国は中華民国時代の1948年にGATTの原締約国となったが、1950年に台湾・国民党政権がGATTを離脱した経緯から、中国政府は、1986年6月に「GATTに復帰する」と称してGATT加盟の申請を行った。加盟交渉開始から15年経った2001年12月に、中国はGATTを継承した世界貿易機関（WTO）への加盟をようやく果たした。

　しかし、苛酷な加盟条件にもかかわらず、**WTO加盟**後、中国の外資導入、輸出入はともに順調に拡大し続け、それに伴う高成長は世界に強烈な印象を与えた。2002～11年の10年間で見ると、外資受け入れ額の伸び率は年平均9.7％、

輸出入額の伸び率は同22.7％、GDP の伸び率は同10.7％であった。それに比べて、1992～2001年の10年間では、この 3 つの伸び率は、それぞれ36.0％、14.4％と10.4％であった。WTO 加盟後の10年間、外資受け入れ額の伸び率は加盟前を下回っているものの、輸出入額の伸び率は加盟前を大きく上回っていることがわかる。

　中国がいわゆる「世界の工場」と目されたのは、まさに WTO 加盟後の驚異的な輸出拡大によるものであった。2013年、中国の財貿易額は 4 兆1600億ドルに達し、アメリカの 3 兆9100ドルを抜いて世界一となった。2016年、アメリカはその世界一の座を奪回したが、2017年から中国は再び首位に立った。

3.3　加工貿易の隆盛

　では、中国の貿易はなぜこのような急激な成長を遂げたのであろうか。答えは、加工貿易の急成長であった。加工貿易とは、原材料や部品を輸入して、組立などで完成品に仕上げて輸出することである。1995～2009年、加工貿易額が中国の輸出入額に占める割合は48.0％、外貨獲得に重要な意味をもつ輸出額に占める割合はさらに高く52.9％となっており、中国の貿易に占める加工貿易の重みがわかる。

　しかし、加工貿易を営む企業は外資系企業が多い。1992年、中国の輸出入額に占める外資系企業の割合は26.4％だったが、2000年代に入って50％台に上昇し、2008年には最高の55.0％に達した。2010年代に入って、中国の輸出入額に占める加工貿易の割合は 3 割台に低下したが、輸出入額に占める外資系企業の割合は、2019年になお39.9％の高水準を維持しているのである。

　加工貿易の隆盛は、中国の国際収支を大きく改善した。1996年、中国の外貨準備高は1050億ドルとなって初めて 1 千億ドルの大台に乗ったが、10年後の2006年にはそれが 1 兆663億ドルとなり、日本を超えて世界一となった。5 年後の2011年には、外貨準備高は 3 兆ドルという桁外れの規模にまでさらに膨れ上がった。

3.4　外資が主役

　猛烈な外資導入は、中国における外資系企業のプレゼンスを急拡大させた。2006年、外資系企業が中国の工業に占める割合は、事業所数20.2％、資産総額26.5％、総売上高31.6％、利益総額27.6％となっている。同年、外資系企業が重要産業の生産額に占める割合は、食品38.5％、アパレル等45.0％、家具51.0％、交通輸送設備49.1％、電気機械・機材37.6％、計器・事務機器65.0％、通信設備・コンピュータ等82.2％であった。

　ところで、外資の技術移転を促すには、中国は外資に国内シェアを進んで譲る必要があるとする「市場でもって技術と交換する」という考え方が、中国で一時、もてはやされていた。しかし、外資は中国の乗用車市場の過半（2014年は約61％）を占めたものの、積極的な技術移転を行っていない事実が明らかとなり、外資への技術移転期待論は影を潜めた。

　そもそも、単純な外資導入は、進出国の技術進歩に有害な場合が多いことに留意すべきである。本来、国内市場の庇護がある場合、地場企業は消費者の声を参考に、自社の製品をたえず改良・進化させていくことができる。しかし、完成度の高い外資系企業の製品や輸入品の選択肢がある場合、地場企業の製品では、こうした製品の成熟化のプロセスが完結しにくい。安全性や顕示性の強い乗用車は、特にこの特徴が強い商品といえよう。

3.5　農村自由化政策と所得格差

　経済成長は一国の富の拡大を意味するが、中国の人々が果たして成長の恩恵を受けてきたかどうかは、重要な論点である。**ジニ係数**は、所得格差を示す重要な指標であり、係数がゼロに近いほど格差が小さく、1に近いほど格差が大きい。経験的に、ジニ係数が0.4を超えたら、所得格差は大きいと見なされる。中国のジニ係数を見ると、1981年0.29、1991年0.32、1994年0.44、2001年0.49、2011年0.48、2017年0.47と、2001年には0.5に迫る高さにまで上昇したように、所得格差は経済改革の過程で非常に大きく拡大した。

　都市・農村の所得格差は、中国の最大の格差問題である。通説とは異なり、1970年代末の農村自由化政策は、実際には都市・農村の格差を拡大した。1978

年頃、農村の集団所有制下の集団労働は非効率的だとして、土地の経営権を個々の農家に渡すという請負生産責任制が導入された。食糧買い上げ価格の大幅な引き上げなど、政府の強力な財政支援の効果もあって、1980年代前半には農業生産と農家所得がともに増加し、都市・農村の所得格差は縮小した。

　しかし、ちょうどその頃から、都市住民の所得の伸び率が農家のそれを上回り、また農家所得に占める農業所得の割合が減少したことなどで、農家への財政支援の効果が薄れた。このため、一時縮小した都市・農村の格差は再び拡大し、その格差は改革当初の1978年の2.6倍から1994年には2.9倍に拡大した。また、医療・福祉などの農村社会保障制度が自由化政策で崩壊したことも、都市・農村格差の再拡大を招く重要な要因であった。

3.6　企業改革と権力者の腐敗

　一方、都市部の状況はどうか。かつて、中国の企業はほとんどが国有企業（1993年以前は、国営企業）であったが、国有企業の多くは改革によって私有化され、2010年の国有企業の割合は、企業全体の13.7％にまで減少した。この変化がもたらした結果の1つは、企業の生産した付加価値のうち、労働者側が受け取る割合、すなわち労働分配率の低下である。中国の労働分配率は、1983年57.0％、2001年52.0％、2007年40.0％と、経済成長につれて下がっていることが特徴である。対して、日本の労働分配率は、1938年48.0％、1960年67.0％、1980年80.0％で、経済成長につれて上がっていたのであり、この点は、他の主要先進国も同じである。私営企業の増加による労働分配率の低下は、経営者という少数の人に富が集中していることを意味するのである。

　しかし、中国で富の一極化を最も激化させたのは、権力者の腐敗である。中国の研究者・楊帆の推計では、改革後の20年間で約30兆元（約390兆円に相当）の国有資産が少数の権力者の財産と化し、その規模は2000年の中国のGDPである8兆9000億元の3倍以上に相当するという。2014年の中国の政府系調査によれば、中国の億万長者の9割以上は共産党の高級幹部の子弟で、2兆元以上の資産を所有している。また、金融、貿易、国土開発、大型プロジェクト、証券の5分野で主要ポストについている人の約9割は、高級幹部の子弟である。

　一方、2000年代に入ってから、中国政府は幾つかの重要な格差是正策を打ち出した。たとえば、2003年の最低賃金制度、新農村合作医療制度の導入、2007年の労働契約法の制定は、格差拡大の食い止めに大きな意義があった。とはいえ、全体的に、中国の貧富格差を生み出す構造はまだ変わっておらず、経済改革の名で財をなした階層が政策決定に大きな影響力をもつ今日、この問題の抜本的な解決は考えにくいだろう。

3.7　好転に向かう中国の環境問題

　深刻な環境破壊は、中国が直面しているもう1つの大きな問題である。中国における環境問題は、大気汚染、河川・土壌の汚染、砂漠化など、ありとあらゆる形で現れている。その基本的な原因は、急速な工業化および人口増加に伴うエネルギー消費量の拡大によるものである。

　2017年の中国のエネルギー消費量は、31億3218万石油換算トンで、1953年に比べ82倍もの増加である。中国のエネルギー消費量は、2010年にアメリカを超えて世界一となった。これに先立つ2007年には、中国は、二酸化炭素（CO_2）などの温室効果ガス排出量で世界全体の24％を占め、21％のアメリカを超えて世界最大の排出国となった。2008年、国際エネルギー機関（IEA）は、2006〜30年までの世界のエネルギー起源CO_2の排出増加の約半分が中国によるものである、と予測している。

　中国としては、1人あたり排出量ではアメリカなどにはるかに及ばないが、国際的な責任を感じざるをえない。特に2008年の北京オリンピックを機に、中国は本腰を入れて環境対策をとり始めた。その結果、近年、中国の主要な環境指標は顕著に改善されている。2015年、中国は2020年までに、GDPあたりCO_2排出量を2005年より40〜45％に削減すると約束したが、早くも2017年にこの目標を実現した。二酸化硫黄（SO_2）排出量も、2007年の36.6億万トンから2016年の8.4億万トンへ、77％減少した。この他、森林面積の増加、湖沼水質の改善などが挙げられる。

3.8　暖房用石炭とPM2.5

　しかし、中国の環境問題に明るい兆しが見えたことが、一般的には認知されていないことも事実である。これは、これまでの中国の環境破壊が非常に深刻であったこと、さらに2010年代から急激に表面化した微小粒子状物質（PM2.5）の問題と大きな関係がある。そして、従来の環境破壊も近年のPM2.5濃度の上昇も、中国のエネルギー消費が石炭に大きく依存しているためであることに留意する必要がある。

　中国の石炭消費量は、1985年の8億1603万トンから2016年の38億4560万トンに増えた。2017年、エネルギー消費量に占める石炭の割合は60.4%である。長い間、石炭消費によるSO$_2$、窒素酸化物（NO$_x$）および煤塵（ばいじん）が、環境を汚す主因となっていた。中でも、石炭消費の48%（2016年）を占める火力発電は、大きな汚染源であった。しかし、2000年代以降、排煙脱硫装置の普及、老朽化した製鉄所の閉鎖などによって、工業生産に由来する石炭の大気汚染は収束に向かいつつあった。

　にもかかわらず、2010年代に入って、PM2.5による重度の大気汚染が大問題となった。原因は意外にも、所得水準の上昇で、農家が冬に石炭を燃やして暖を取ることが一般的になったことであった。農家には排煙濾過装置がないため、消費単位あたりの大気汚染物質の排出量は、発電の場合に比べて15倍も多い。中国農村でのこのような暖房用石炭の消費量は、年間2億トンと推計され、冬空を汚す最大の原因となっている。この問題にどう対処するかは、中国の環境政策の新しい課題である。

第4節　対外進出と貿易戦争

4.1　人民元の交換性

　経済改革が進む中、人民元の自由化は、中国の市場経済の進展を見る上で重要な問題である。

　人民元の自由化とは、交換性、すなわち人民元と他国の通貨との自由な交換を実現することである。国際通貨基金（IMF）協定はその第8条で、財貿易や

サービス貿易などの経常取引に関わる支払勘定の自由化を求めている一方、その第14条で、外貨不足等を理由とする過渡的制限を認めている。中国は1980年にIMFに加盟した際、14条国の資格を認められたため、経常取引に関する支払いに対して規制を加えてきた。

　1996年、中国は、外貨不足の改善を踏まえて、IMFの14条国から8条国に正式に移行した。これによって、財貿易やサービス貿易などの支払いに対する制限が撤廃され、人民元は経常取引での交換性を実現した。一方、対外投資や対内投資などの金融取引については、IMFは自由化を求めていない。中国政府は、人民元の国際化を図るために金融取引の自由化を視野に入れているが、投機活動への警戒から、2020年9月現在、自由化には慎重な姿勢をとっている。

4.2　為替相場制度の市場化改革

　他方、人民元の自由化問題と関連して、中国の為替相場制度の改革も大きな注目点であった。中国は、1953〜72年には単一固定相場制、1973〜80年には単一変動相場制をとり、IMF体制に近い為替相場制度を実施していた。1981〜93年は、先述したように、二重為替相場制度を導入していたが、1994年にはこれを廃止して、2005年7月までは単一の管理的変動相場制に移行した。ただ、この時期において、1997年のアジア通貨危機を機に、為替投機の隙をなくすため、人民元は実質的なドルペッグ制（ドルに連動した固定相場制）をとっていた。2005年7月からは、ドルペッグ制から通貨バスケット制（複数の外貨に連動した固定相場制）に移行し、これは2020年9月現在も続いている。

4.3　「一帯一路」構想

　2010年代に入り、中国経済の外部環境は大きく変化した。1つは、2008年のリーマン・ショックを境に、中国の輸出の伸び率が、1998〜2007年の年平均の52.2％から、2008〜17年には同5.8％に激減したことである。いま1つは、2010年に、日本がアメリカ主導の環太平洋パートナーシップ（TPP）協定に参加を表明し、TPPを核とする対中包囲網の形成が現実味を増したことである。こうした中、2013年9月に中国は「**一帯一路**」構想を発表した。

　「一帯一路」の「一帯」とは、「シルクロード経済ベルト」のことで、「一路」とは、「21世紀海上シルクロード」のことである。すなわち、陸上・海上の複数のルートでアジア・ヨーロッパ・アフリカの三大陸を貫き、東アジアとヨーロッパを結ぶという意味である。同構想は、中国が沿線国の鉄道・港などのインフラ整備への支援・協力を通じて、諸国との経済関係を強化するとともに、資源の確保や中国の土木工事の海外受注および工業製品の輸出を拡大する、という一石数鳥を狙うものである。

　2020年9月現在、すでに138の国家と30の国際組織が、中国と「一帯一路」に関する協力関係をもつことに合意している。しかし、「一帯一路」構想は「共同繁栄」などを謳っているが、理念や目的が抽象的でわかりにくい。その上、これだけの地理的範囲で同構想を実施するには、巨大かつ持続的な投資力、さらにアメリカとその同盟国の牽制をはね返す国際政治力が必要となる。中国が果たしてそのような条件を備えたかは、すこぶる疑問である。

4.4　AIIB の設置

　一方、2013年10月、すなわち「一帯一路」構想の提起とほぼ同時に、中国はアジアインフラ投資銀行（AIIB）の創設を提唱した。その目的は、「一帯一路」構想へのサポートを提供すると同時に、国際金融における自らの影響力を拡大することである。

　戦後、アメリカは、IMF、世界銀行などに対して、出資率の設定を通じて支配的な地位を得てきた。AIIB 構想は、アメリカによる国際金融支配への中国の反発であり、既存の国際金融機関の不足を補うものでもある。実際、世界銀行やアジア開発銀行（ADB）は、融資の審査手続きが煩雑で、融資力も不十分なため、発展途上国のインフラ投資需要に十分に応えていない。ADB の試算では、2016〜30年までのアジア45か国・地域のインフラ投資需要は年間1.7兆ドルに上るが、世界銀行や ADB が供与できる融資は年間2000億ドルしかない。

　AIIB は、アジアの発展途上国を主な融資対象国とするが、域外国も排除しない。また、加盟国はアジアに限定せず、域外国の加入も歓迎している。2015

年12月、AIIB が正式に発足し、日米以外の主要先進国はすべて参加した。注
目された AIIB の議決権は、中国26.06％、インド7.51％、ロシア5.93％で、
重要案件の決定には75％以上の賛成が必要であるため、中国は実質的な拒否権
をもつことになる。2020年7月現在、AIIB の加盟国は103となっている。
AIIB は「一帯一路」と違い、経験のある各国の金融専門家を吸収して慎重な
運営を行っていることから、国際金融舞台でますます存在感を示すことになる
だろう。

4.5　技術革新と「中国製造2025」

　第1節で見たように、2010年代に入ってから、中国は科学技術の分野での存
在感を強めてきた。国内市場が外資に席巻されている中、急ピッチで科学技術
の進歩を遂げているというパラドックスを、どう理解すればよいのか。

　まずは、研究開発への投資の急増である。中国の研究開発費が GDP に占め
る割合は、2000年の1.0％から2017年に2.13％に上昇し、先進国の中位の水準
に達した。2017年、購買力平価で見る中国の研究開発費総額は世界2位の4960
億ドルで、1位であるアメリカの5433億ドルに迫る勢いである。

　そして、中国での研究開発の最も重要な拠点は、国有企業と国公立大学であ
る。国有企業、特に民営化や外資による買収の波から生き延びた大型国有企業
が、大型技術の開発拠点として産業政策の主要な担い手となっている。また国
公立大学は、2018年にアメリカの10倍に相当する400万人の理系人材を送り出
している教育機関であると同時に、中国の基礎研究の6割を賄う研究機関でも
ある。

　資金、場、人材が揃っている上に、対外交流による視野の拡大も加わって、
イノベーションのうねりが形成されたのである。無論、重要論文や特許出願件
数の伸び率というフローの面で、中国の追い上げは顕著であるとはいえ、これ
までの蓄積というストックの面では、中国の科学・技術、特に工業製造技術
は、先進国に比べ、まだ数多くの分野で後れを取っている。このため、2015年
5月に、中国は"製造強国"を目指す産業政策の「**中国製造2025**」を打ち出し
た。すなわち、まず2025年に、次世代情報技術、NC 工作機械・ロボット、宇

宙・航空、新素材など製造業の10分野で先進国の仲間入りを果たし、2035年には先進国の中位の水準に、さらに2050年には先進国のトップレベルに到達するという野心的な産業政策である。

4.6　トランプ政権と米中貿易戦争

　だが、中国経済の見通しは、2018年に始まった米中貿易戦争で一気に視界不良となった。

　2017年に発足したアメリカのトランプ政権は、中国の不公正貿易行為、知的財産権保護および中国の産業政策で対中批判を展開した。同年半ば頃から始まった米中貿易交渉における米側の対中要求は、2年以内に2000億ドル分の対米貿易黒字の削減、「中国製造2025」関連の補助金政策の停止、アメリカによる「中国製造2025」関連禁輸措置の受け入れ、中国企業への対米投資規制に報復措置をとらないこと、アメリカへのインターネットの完全開放、アメリカの要求に合わせての中国の法律改正、合意履行のための米監視員の対中派遣、などであった。

　他方、貿易交渉を有利に進めるため、トランプ政権は関税措置と中国企業への禁輸措置で中国を揺さぶった。関税措置については、アメリカが2018年7〜8月に、中国の対米輸出商品のうち500億ドル分への追加関税徴収を開始したことをきっかけに、米中双方が予定を含め、相手からのほぼすべての輸入商品に追加関税を徴収するほど応酬が白熱化した。

　中国企業への禁輸措置については、アメリカは2018年4月と2019年5月に、中国の大手企業である中興通訊（ZTE）、華為技術（ファーウェイ）をエンティティー・リスト（EL）に載せた。ELとは、米政府が安全保障上の懸念があるとして米国製品の供与を禁止する企業のリストである。この中国2社は、いずれも半導体など米国製品を大量に使用しているため、禁輸措置の発動は、貿易交渉のカードとしてだけでなく、次世代産業技術の要の1つである5G技術の先頭を走る中国勢への牽制にもなる。

4.7　長期化する米中対立

　米中貿易戦争の本質は、中国の台頭がもたらす世界の地殻変動へのアメリカの強い拒否反応である。長い間、アメリカの対中政策の基軸は、経済的、人的交流などを保ちながら中国内部の変化を促すという「関与政策」であった。しかし、中国の政治体制はソ連のようには崩壊せず、むしろ持続的な高成長で力を付け、「一帯一路」、「中国製造2025」など、アメリカの地位を脅かすような構想や計画まで打ち出した。失望感と危機感が急激にアメリカの中国見直し論を台頭させ、さらに「アメリカ・ファースト」を掲げるトランプ政権の下に対中強硬派を結集させたのである。

　アメリカの狙いは、中国の猛烈な技術革新を生み出す「構造」、すなわち国家の産業政策とその実動部隊である国有企業の無力化である。米中が2020年1月に「第一段階」の合意書に署名したことで、双方の関税合戦はひとまず一層の激化を回避した。しかし、アメリカが求める中国の「構造問題」の核心的部分は棚上げにされたため、貿易戦争がこのまま終わることは到底ない。米中対立の核心は貿易問題ではない以上、根本的な決着が付きにくく、むしろ長期化・尖鋭化していくだろう。

　中国はいま、1980年代以降の低賃金労働を活かせるような外部環境が実質上崩れ去った中、どのような針路をとるべきかが問われている。米中貿易戦争は、経済のグローバル化で形成された国際的な部品供給網がいとも簡単に絶たれるという現実を、中国に突き付けた。このため、半導体をはじめとする重要産業の育成と保護が、特に喫緊の課題となる。一方、中国は、米政権が企む対中包囲網を警戒して、あたかも自由貿易の旗手であるかのように、より一層の開放政策を世界に約束している。産業育成と市場開放との整合性をどう考えるかは、今後の中国政策当局が熟考すべき問題であろう。

参考文献

董輔礽主編，2001，『中華人民共和国経済史』（上巻）三聯書店香港有限公司.

張柏春・姚芳・張久春・蔣龍，2004，『蘇聯技術向中国的転移──1944-1966』山東教育出版社.

第11章

グローバル化と EU 経済

——21世紀における EU の動揺——

■キーワード
欧州石炭鉄鋼共同体（ECSC）、関税同盟、主権の委譲、『域内市場白書』、安定成長協定（SGP）、サブプライムローン、国債買取策（OMT）、単位労働費用（ULC）、トロイカ、シェンゲン協定

　近年の欧州連合（EU）を特徴付けるのは、ユーロ危機と移民である。第1節でまず EU の概略を示し、次に欧州統合が始まり、EU 内の国境が事実上消えていく過程を描いた後、第2節でユーロ危機を説明する。共通通貨ユーロが導入された理由、ユーロ危機を引き起こした要因、そして再び危機を生じさせないための改革の内容を理解してほしい。ユーロ危機への対処のために支援を受けた国は、それと引き換えに緊縮財政など市民生活に厳しい政策を要求された。これが、EU の政策は民主的に決められているのかという疑問を生み出したことを第3節でまず説明し、さらに移民（EU 内の移民と EU 外からの移民）が EU に突き付けた課題を論じよう。なお、EU の誕生は1993年だが、その前身といえる組織も本章では EU と表記する場合がある。

第1節　欧州統合の出発と展開

1.1　EU の概略：規模と政策の決め方

　EU とは、ドイツやフランスなど欧州27か国のまとまりである。独仏の人口と国内総生産（GDP）はそれぞれ8300万人と3.4兆ユーロ、6700万人と2.4兆

ユーロである。多くのEU加盟国の通貨、ユーロが1ユーロ＝120円で円に換算される場合、日本のGDP（554兆円）は4.6兆ユーロである。EU27か国を見れば、それは4.7億人で構成され、14兆ユーロのGDPを生み出している（2019年時点、2020年1月末にEUを離脱した英国を除く）。

①　EUの予算規模

　EUと加盟国の関係を、予算を例に考えよう。EU予算（2017年、英国を含む28か国）は1373億ユーロである。他方、加盟国は独自の予算をもち、一般政府の歳出額はドイツで1.4兆ユーロ、フランスで1.3兆ユーロ、EU28か国で7.0兆ユーロである。中央政府に限定しても、それはそれぞれ4100億ユーロ、5300億ユーロ、3.8兆ユーロに達し、EU予算の歳出額を凌駕している。なお日本の予算（一般会計）は100兆円（8333億ユーロ）である。

　したがって、予算で考えるとEUは加盟国よりも小規模である。その背景には、2つのEUの原則（補完性と比例性）が存在している。EUと加盟国の双方がある政策を実施できるとき、どちらがそれを実施すべきかという問いに対して、EUの方が望ましい場合に限ってEUが実施すべきと答えるのが、補完性の原則である。比例性の原則は、EUが政策を実施する場合、その目的を達成するのに必要な水準以上にEUが権限を行使しないことを意味している。これらによりEUの権限の拡大は抑制される。

②　民主的な政策決定と市民への近さ

　EUがその予算を使ってある政策を実施する場合、その根拠となる法律はどのように作られるだろうか。かつてEUでは、欧州委員会（この組織は選挙を経ない官僚で構成される）が法案を作り、理事会（各国の大臣の会合）が決定していた。欧州委員会だけが法案を提出できたため、EUでの決定が増加すればするほど、それは市民から遠ざかり民主主義は後退すると批判された。これに対応すべくEUは制度を変更してきた。その典型例は欧州議会の立場の変化である。それはかつて諮問機関に過ぎなかったが、1979年からその議員が直接選挙で選ばれるようになると、それは権限の拡大を求め、現在多くの政策分野で理事会とともに法律を作っている。

　さらに、EUの基本条約の1つ、リスボン条約（2009年発効）では、各国の議

会に補完性監視権限が付与された。これにより欧州委員会から法案を受け取った各国議会は、それが補完性の原則に適合しないと判断する場合、異議を申し立てられる。同条約では欧州市民イニシアティブも認められ、EU 市民が欧州委員会に対して法案提出を要請する手続きが定められた。このように、より市民に近い EU を構築するための変更が重ねられてきた（駐日 EU 代表部 2013）。

1.2　欧州統合の出発

　EU を設立し、それを運営・改革する動き、すなわち欧州統合はどのように始まっただろうか。その出発を告げるのは、第 1 に**欧州石炭鉄鋼共同体**（**ECSC**）、第 2 に欧州経済共同体（EEC）、その中でも共通農業政策（CAP）および**関税同盟**である。これらの説明を通じて、また関税及び貿易に関する一般協定（GATT）に関連付けて、欧州統合が平和の構築、農業部門への配慮および経済発展を目的として出発したことを示そう。

　①　ECSC

　1870年以降、第二次世界大戦など仏独間での戦争が続発した。その再発を防ぐための思想が J・モネらによって育まれ、ECSC（1951年調印）を生んだことから、欧州統合の出発点は不戦の希求だといえる。

　ECSC の創設は、西欧 6 か国（フランス、西ドイツ、イタリア、ベルギー、オランダおよびルクセンブルグ、以下 6 か国と略す）による、欧州統合の画期的な出来事である。ECSC とは、仏独国境をまたぐ軍事的な基幹産業（すなわち石炭と鉄鋼）を 6 か国が共同管理する、すなわち ECSC に 6 か国が意思決定権の一部を譲る（**主権の委譲**）制度だった。石炭と鉄鋼に関する 6 か国の結束こそが仏独間のいかなる戦争も、単に考えられないこととするばかりでなく、実質的に不可能とすると仏外相の R・シューマンが述べたように、ECSC の創設は西欧に不戦共同体を作る試みでもあった。したがって ECSC に始まる欧州統合の基礎は、第 1 に仏独の恒久和解であり、第 2 に平和の思想を西欧に広げることだった（鴨 1992：76-84）。

　②　CAP

　ECSC6 か国は1957年にローマ条約に調印し、翌年 EEC を創設した。これは

欧州原子力共同体（EURATOM）の設立条約でもあった。

　CAP の前に EURATOM に触れよう。その設立が象徴するように、エネルギー政策の調和が必要だと 6 か国は認識していたが、その共通化には2006〜07年まで成功しなかった。なぜならエネルギー源は多様であり、各エネルギー産業が競争・対立関係にあるから、またそれは分けて管轄された（原子力は EURATOM、石炭は ECSC、石油や天然ガスは EEC の管轄）からである。

　さて EEC で、関税同盟と並び主要な座に着いた政策の 1 つが CAP（1962年成立）である。これにより 6 か国は農産物の共同市場を設置し、共通の最低保証価格を採用した。つまり 6 か国共通の農業保護政策が欧州統合の初期に立てられた訳だが、CAP が必要とされた理由は、国民の食料の確保以外に 4 つある。

　第 1 に、第二次世界大戦後の農業は所得と従事者数で規模が大きかったからである。欧州統合の成功には、農業部門の支持が不可欠だったからともいえる。

　第 2 に、第二次世界大戦以前の農業政策への反省である。当時、所得を農業部門に頼る人口が多かったにもかかわらず、農産物価格の崩落は放置された。そのため農業従事者は貧困に苛まれ、離農者は都市で必ずしも雇用されず困窮することになり、この現象は戦争の遠因となった。これへの反省から、一定の農業保護政策が求められた。

　第 3 に、農産物価格は生活費（したがって賃金）に影響を与えるからである。EEC は工業製品についても共同市場を形成し、6 か国の工業部門がそこで競争する。したがって各国で農産物価格が異なると、それが賃金の相違を経由して、工業部門の競争力を左右してしまう。CAP の機能の 1 つは、この波及を遮断して賃下げ競争を排除し、工業部門の望ましい競争を確保することだった。

　第 4 の理由は、欧州統合を始めた 6 か国が個別にではなく一体となって共通の農業保護政策を採用したことに関わる。6 か国は、貿易自由化を追求する GATT に加盟したため、そのルールを守り農産物貿易の制限を緩和する必要があった。GATT に関する1950年代の動きで見過ごせないのは、米国の農産

物に関するウェーバー（義務免除）の獲得である。これは、GATT 加盟国は原則として貿易を制限してはならないが、米国の農産物はその例外となったことを意味する。つまり、米国は関税削減交渉の場で攻撃されずに、外国に農産物の貿易制限の緩和を要求できた。これに対して 6 か国は GATT 第24条で認められた例外、すなわち関税同盟（次項③参照）を形成し、交渉力を高めることによって農業保護の可能性も高めた。6 か国の農業構造が異なるにもかかわらず農産物の共同市場が創設されたのは、それ以外に貿易交渉の舞台で農業保護の手段がなかったからでもある。

③　関税同盟と大市場の論理

ここで GATT と欧州統合を結び付けよう。前述の通り、6 か国は GATTに加盟したため、欧州統合は GATT の原則に制約された。その 1 つが最恵国待遇（ある GATT 加盟国に与える最も有利な貿易条件を、全加盟国に与えなければならないという原則）である。これにより、例えばドイツはフランスに対する関税率を米国へのそれよりも低くできず、全加盟国に等しい関税率を適用することになる。ただしこの原則への例外が GATT で認められており、その 1 つが関税同盟である。6 か国はこれを用いて、関税同盟の内外で貿易条件を変えた。

関税同盟を成す国は、同盟外の国に共通関税を設けると同時に、同盟内の実質的にすべての貿易を自由化しなくてはならない。EEC は関税同盟となり米国等への貿易制限を維持しつつ、6 か国に分断されていた市場を単一の大市場にまとめることになった。大市場の誕生は、EEC 内に立地する企業にとって潜在的な顧客の増加を意味する。したがって、大量生産のための設備投資の決断が現実的となり、それが実現すれば生産費用の低下、ひいては価格低下による消費者利益の増大および国際競争力の向上が生じる、と期待された。

6 か国は関税同盟の形成を通じて、対外的な農業保護の手段を確保するだけでなく、共同市場を形成し大市場の論理に基づいて経済発展を実現させようとした。

1.3　域内市場の創設：出発と停滞

EEC の核は、6 か国が貿易障壁のない単一の共同市場（すなわち域内市場）

を完成させることだった。その経過期間が1958年から69年末に設定されたが、想定よりも１年早い68年７月１日にEEC内の関税（域内関税）は撤廃された。さらに域外国への共通関税が採用され、それを徴収された域外生産物は、域内品と同様の流通が認められた。

　このように幸先は良かったものの、芳しい成果は続かなかった。たとえば非関税障壁の撤廃が望まれたが、それには理事会（各国の大臣の会合）での全会一致が必要だったため、各国の国内法の調和は難航した。

　1985年まで市場統合が停滞した原因は、欧州の外部にも求められる。1971年のニクソン・ショックや73年のオイルショックに直面した６か国が、欧州統合を自国経済よりも優先させることはなかった。また1970〜80年代には、新興工業経済地域（NIES）が急成長を遂げたのとは対照的に、欧州経済は停滞した。この状況に政府と産業界が危機感を抱いたため、1985年以降統合が再び進展し始める。

1.4　域内市場の完成

　欧州統合の停滞を打破した1985年の出来事は『域内市場白書』の公表である。域内市場の完成のため、これは貿易障壁を次の３つに分類した上で、1992年末を期限とする約300件の立法措置の採択を提案した。それらは第１に、健康、安全、環境等の理由で加盟国が採択する製品規格などの技術的障壁、第２に、加盟国間の間接税率の相違が生む税制上の障壁、第３に、これら２つに伴う国境検査などの物理的障壁である。

　『域内市場白書』は、1986年に署名、翌年に批准された単一欧州議定書（SEA）により法的根拠を与えられた。SEAは次の４点で重要である。第１に、1992年末までに域内市場を漸進的に完成させると期限が明示された。第２に、「モノ、ヒト、サービス及び資本の自由移動が本条約の規定に従って確保される、内部に国境のない地域」（EEC条約第8a条）として域内市場が定義された。第３に、国内法の調和措置（1.3参照）をEU独特の多数決（すなわち特定多数決）により採択できることになった（租税、ヒトの自由移動ならびに賃金労働者の権利および利益に関する規定は対象外）。第４に、最小限必要な側面にのみ調和立

表11‑1　年表

1945年	第二次世界大戦終結
1952年	ECSC（欧州石炭鉄鋼共同体）誕生
1958年	EEC（欧州経済共同体）および EURATOM（欧州原子力共同体）誕生
1962年	CAP（共通農業政策）成立
1968年	EEC 域内関税の撤廃
1985年	『域内市場白書』の公表
1987年	SEA（単一欧州議定書）発効
1990年	ドイツ統一
1992年	域内市場完成
1993年	EU（欧州連合）誕生
1997年	SGP（安定成長協定）成立
1999年	ユーロ導入
2002年	ユーロ流通開始
2007年	パリバ・ショック
2008年	リーマン・ショック
2009年	ギリシャ政府による財政赤字の過小評価の公表
2010年	ギリシャ第一次支援
2012年	ギリシャ第二次支援
	OMT（国債買取策）発表
2015年	ドイツによるシリア難民受け入れ表明

（出所）筆者作成

法を行い、その他は加盟国間の相互承認（ある産品がある加盟国で認められている
ならば、他の加盟国でも認められるべきであるという制度）に委ねるという方式も採
用された。これらのおかげで、期限内に域内市場が基本的には完成した（庄司
2014：4）。

第2節　ユーロ

2.1　なぜユーロは誕生したか

　1970年公表の『経済・通貨同盟の段階的実現に関する報告』の名前が示すように、この年までに通貨統合（共通通貨の創出）が欧州統合の目標に含まれていた。以下、1999年に導入され2002年から現金流通が始まったユーロの誕生までの経緯を、1970年代から概観しよう。

　まず、通貨統合の背景として、1970年代の EEC の通貨協力に触れたい。第二次世界大戦後の国際通貨体制を概説すれば、国際通貨基金（IMF）による固定相場制が1970年前後に動揺した後、1971年のニクソン・ショックを経て変動相場制に替わったが、その後も EEC 諸国はその内部での為替相場の固定に努めていたといえる。この作業は金利の上下、資金の流出入および景気対策と不可分である。なぜなら、ある国が金利を引き上げれば資金流入によりその国の通貨価値は上がる一方で景気は抑制されるが、逆に金利引き下げは資金の流出、通貨価値の下落および景気刺激効果を伴うからである。したがって為替相場の安定を目的とする通貨協力とは、景気を左右する金利政策の協調を必然的に含む。

　次に、1980年代後半に表面化した通貨協力に関わる軋轢、すなわち、不況期の景気対策として金利を引き下げたいフランス等と、それを嫌うドイツの対立に目を向けよう。『域内市場白書』と SEA が資本移動の自由を約束したため、フランス等が金利を引き下げた場合、そこからドイツに資金が流出するだけでなく、為替相場が変動してしまう（独マルクが高くなる）。他方、物価安定を望むドイツが単独で金利を引き上げた場合、他国は、資金流出と為替変動を抑えるために、ドイツに同調せざるをえない。このように、EEC の通貨協力はドイツ以外の国の金融政策がドイツのそれに従うという形になっていた。この非対称を好まないフランスは、対称性を回復する方法として統一通貨を構想した。統一通貨が採用されれば一国一票制で金利を決めることになるので、EEC 内の対称性が復活すると考えられた（田中 2010：62-3）。

　しかしこの構想の実現には、ドイツによる自国通貨マルクの、したがってそれ独自の金融政策の放棄が不可欠である。国民感情として難しい選択であろうが、これを決断させる事態が生じた。ドイツ統一（1990年）である。当時英仏を率いていたのは、戦争を知る M・サッチャー英首相と F・ミッテラン仏大統領であり、H・コール独首相もまた戦争の悲惨さを体験していた。英仏の 2 人は、ドイツ統一により再びドイツが欧州で覇を唱え、戦渦が広がることを懸念し、この懸念をコールは真剣に受け止めた。結果的にドイツはマルクを捨て、独自の金融政策を欧州の金融政策に置き換えることの対価として、ドイツ統一を欧州各国に認めさせた。この意味でユーロは戦争の産物であり、ドイツ統一、ユーロおよび戦争は切り離せない。

2.2　ユーロ導入の基準と導入後の政策決定

　ここではユーロ導入の基準、その 1 つである財政関連の基準をめぐる紛糾、そしてユーロの金融政策を概観する。

　ユーロは1999年から、まず銀行間取引などの非現金取引について、EEC6 か国とスペイン、ポルトガル、アイルランド、オーストリア、フィンランドの11か国で導入された（ギリシャでは2001年から）。ただし、導入を望む国すべてがユーロを自国通貨とできるわけではなかった。一定の基準（マーストリヒト条約の収斂基準）を満たさない国はそれを導入できないと定められ、実際ギリシャは他国に遅れた。収斂基準は 4 つからなる。第 1 に物価の安定、第 2 に低い長期金利、第 3 に為替相場の安定である。財政に関わる第 4 の基準は、財政赤字が GDP 比 3 ％以下であること、および政府債務残高が同60％以下であることの 2 つで構成される。財政の 2 基準は1997年成立の**安定成長協定（SGP）**にも記され、ユーロ導入後も遵守が求められた。SGP は、EU 加盟国（ユーロ導入国だけではない）に財政規律を求める協定であり、健全財政の面からユーロに貢献すると想定された。

　ところが SGP への加盟国の「反抗」が生じた。2004年、過剰財政赤字に陥った独仏に対して SGP に基づく是正勧告が出されたが、両国はいうことを聞かず、結局は是正の手続きが停止された。翌年には SGP が改定され、財政

規律が緩和された。この「反抗」の背景には、ユーロ導入に伴いユーロ圏諸国は独自の金融政策を実施できず、景気対策として財政政策しか使えないという制約がある。つまりSGPのせいで景気対策を思い通りに実施できないことが「反抗」を生んだ。しかしながら、後述のユーロ危機を経てSGPは再び規律強化の方向に改められた（ちなみに、SGPは、2020年の新型肺炎に対応する各国政府の財源との関係で、議論の対象となるであろう）。

　さて、ユーロを発行しその金融政策を実施する制度（ユーロシステム）を説明しよう。これは欧州中央銀行（ECB）とユーロ圏の全中央銀行からなり、金融政策の決定と実施、外国為替操作、外貨準備の保有および決済システムの運用を基本業務としている。ユーロシステムの上部機関であるECBは、その最高決定機関として政策理事会を有し、これにECBの役員6名（総裁、副総裁および4名の専務理事）とユーロ圏中央銀行総裁を配している。ここでの決定はユーロ圏全体に及ぶ。つまり景気の状況が異なる複数国に同じ金融政策が適用される。ユーロシステムのこの特徴が、前述の「反抗」の一因である。

2.3　ユーロ導入に伴う資金移動とユーロ危機

　ユーロ導入により各国通貨が同じになると、為替変動の心配なしに対外投資が可能となった。また、ユーロよりも信用力の低い通貨を発行していた国では、ユーロ導入による信用力向上のおかげで借入条件が改善された。それゆえドイツなどの金融機関は、ギリシャ等の経常赤字国への資金供与を拡大させた。

　しかし、ユーロ圏の金融機関の状況に疑念が生じると、上記の貸し出しは一気に回収されることになる。ユーロ導入を契機に巨額の資金を受け入れた国は、過剰投資と資産バブルの発生の後、資金流出により危機に陥った。すなわち、次に述べるユーロ危機である。

2.4　ユーロ危機

　図11‒1が示すように、2008年頃からユーロ圏主要国の政府債務残高は急増した。本章でのユーロ危機とは、この時期にユーロ圏の金融機関と、いわゆるGIIPS諸国（ギリシャ、アイルランド、イタリア、ポルトガルおよびスペイン）の政

図11‐1　ユーロ圏主要国の政府債務残高（対 GDP）の推移

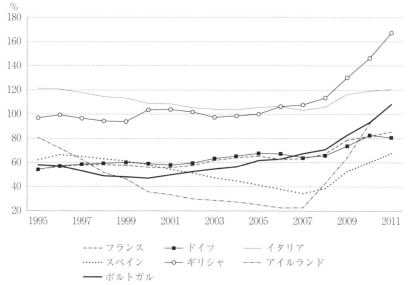

（出所）経済産業省（2012：63）を一部改変。

府に債務不履行の可能性が生じたこと、およびそれに関連する一連の現象を指す。本項ではユーロ危機を次の順序で説明する。まずギリシャにおける危機の顕在化と EU の対応を述べた後、ユーロ危機と**サブプライムローン**の関係、そして危機後の EU 財政制度の改革を見る。

① 　ギリシャでの危機の顕在化と EU の対応

2009年10月に発足したギリシャのパパンドレウ政権は、前政権時に財政赤字が過小評価されていたとして、その修正を繰り返した。当初の発表では2008年の財政赤字は GDP 比 5 ％、2009年のそれ（見通し）は3.7％とされたが、最終的にはそれぞれ9.8％、15.6％に修正された。そのためギリシャ財政への市場の不信は急速に高まり、ギリシャ国債の価格は急落した（なお、信用を失った国債の価格は下がり、利回りは上がる）。市場からの資金調達が困難となったギリシャは、2010年 5 月に総額1100億ユーロの融資（ユーロ圏諸国からの二国間融資800億ユーロと IMF の構造調整プログラムの300億ユーロ）を受けることになった

（第一次支援）。ギリシャ国債を保有する金融機関やユーロ圏諸国（主にGIIPS）にも不信の目が向けられ、債務問題は欧州で拡大していった。

　これへのEUの対応は次の通りである。2008年からECBは資金供給を増やしていたが、財政不安の顕在化の後、次々と金融市場安定化策を打ち出した。一方で加盟国への個別的対応として、たとえばギリシャは2012年3月に第二次支援（EUとIMFから総額1300億ユーロ）を受けた。他方でEU全体の対策として、期間限定の支援制度（欧州金融安定化メカニズムと欧州金融安定化ファシリティ。合計5000億ユーロ規模）がまず2010年に立ち上げられ、これらを引き継ぐ恒久的な制度として、資本金7000億ユーロ、融資上限5000億ユーロの欧州安定化メカニズム（ESM）の発足が2012年7月に予定された（10月に発足）。8月になると、危機の鎮静化に決定的な役割を果たした**国債買取策（OMT）**の実施が発表された。これにより政府債務問題が解決したわけではないが、金融市場は落ち着きを取り戻していった。

　OMTを詳述しよう（矢澤 2013）。ある国の国債利回りがその財政状況からかけ離れて急上昇しているとき、その国による自国国債の買取申請に基づき、ECBが流通市場でそれを買い取るという制度がOMTである。OMTは、買取金額に上限が設けられていない、すなわちどれほど国債利回りが上昇（信用が低下）しても対応できるために市場の高評価を得て、金融市場の安定に貢献した。たとえばスペインとイタリアの10年物国債利回りは、OMTの詳細の発表当日に下落し、2013年6月にはほぼリーマン・ショック前の水準に戻った。OMTを希望する国は、欧州金融安定化ファシリティ（2012年10月以降はESM）に財政支援を申請し、財政再建プログラムを受け入れるという条件を課され、定期的に査察されることになる。財政再建が不十分とみなされた場合、OMTが停止または延期されることもある。

　②　ユーロ危機の背景としてのサブプライムローン問題

　ユーロ危機を考える上で見逃せない事実は、ギリシャの財政赤字の過小評価が知られる前から、経営不安に直面する金融機関が欧州で散見されたことである。たとえば、フランスの銀行BNPパリバの傘下にある投資信託が、満期前の解約に対応しないことを2007年に表明した。ドイツでも州立銀行の経営悪化

が見られたが、これらの事態の中心に存在するのが米国のサブプライムローンであった。これは、信用力の低い人向けの住宅ローンであり、米国での住宅バブルを生み出した。バブルがはじけると、それが不良債権化しただけではなく、その関連商品（サブプライムローンを組み込んだ証券化商品）も不良債権化し、世界を巻き込む金融危機が到来した。

　米国で住宅価格の下落とサブプライムローンの不良債権化が観察されたのは、2007年夏だった。なぜこれが欧州の金融機関に影響したのか。この問いとユーロ導入は切り離せない。ユーロが導入されるとユーロ圏内の資金循環は活発になると同時に、金融機関の競争は激化し、収益の確保は難しくなった。金利収入に依存した貸付業務では収益の拡大に限界があるため、より高い収益を求める金融機関は、証券投資などの非金利収入源の拡大を求めた。しかし米国に比して欧州の株式・証券市場は小規模だったので、欧州の金融機関は対米投資を増やした。その際サブプライムローン関連の証券化商品は、格付会社から投資適格とされていたため投資対象に選ばれた。こうして欧州の金融は、米国の金融に左右される状態に陥った（高屋 2011 : 21-8）。

　サブプライムローンの不良債権化が観察された約1年後、すなわち2008年9月に米国政府関連金融機関であるファニーメイとフレディマックの救済、投資銀行リーマン・ブラザーズの破綻、保険会社AIGの救済が立て続けに発生し、金融機関への懸念は急拡大した。欧州でも金融機関への公的支援が連続した。大手銀行フォルティスのベルギー・オランダ両政府による救済など、1日に3件の救済が発生した日の翌日にも、ベルギー政府が別の銀行を支援した。

　この後も金融システムの安定化を名目にして、欧州の金融機関は、公的資金の注入、信用保証の提供、中央銀行による流動性の供給などを受けた。2008年10月から4年間に約5.1兆ユーロ（EUのGDPの約40%）が銀行への国家支援として承認され、その1/4が2011年秋までに使われた。銀行に対する国家支援の多くは、銀行による債券の発行に際して政府がこれを保証する形をとったが、資本注入や不良債権の買い取り、流動性支援も行われた。たとえばギリシャでは、2008〜12年に実施された資本注入とその他の資産買取は373億ユーロ（2012年のギリシャのGDPの約20%）に達し、2012年の保証残高とその他の流動

性手段は651億ユーロであった（星野 2015：111）。

　欧州の民間金融機関はサブプライムローンから深刻な影響を受けた一方で、前段落に記した通り、政府部門はそれらを支えるために多額の資金を提供した。サブプライムローンの破綻、民間金融機関の債権の不良化、民間債務の欧州各国政府による肩代わりという一連の現象が、ユーロ危機の背景に存在していた。これにギリシャによる財政赤字の過小評価の公表という要素が加わったとき、危機の進行は急激に加速した。

③　ユーロ危機後の改革：財政

　ユーロ危機が完全には終息していない時期から、EU はその再発リスクを引き下げるため、財政面でさまざまな改革を実施した。ここではヨーロピアン・セメスター、シックス・パック、財政協定およびツー・パックの4つを紹介する。

　ヨーロピアン・セメスターとは、各国の財政政策と経済政策の協調のための、2011年に導入された枠組みである。その目的は、第1に各国の予算を監視して健全財政を確保すること、第2に雇用や産業の構造改革を通じてより高い経済成長を目指すこと、第3にマクロ経済の過度な不均衡を防ぐことである。

　シックス・パックとは、SGP を強化する6つの法律（2011年発効）を指す。これらを通じて EU は、SGP の予防措置である国別の「中期財政目標」に沿った財政運営、および各国に是正を求める措置である「過剰財政赤字手続き」を補強するとともに、ユーロ導入国への制裁措置を厳格化した。また、加盟国にマクロ経済不均衡の是正を求める「過剰不均衡手続き」も導入された（日本貿易振興機構 2013）。

　財政協定（正式名称「経済通貨同盟の安定・協調・ガバナンスの条約」、2013年発効）は、財政赤字の悪化を予防するための措置として、「中期財政目標」とその遵守状況を監視する機関を憲法（またはそれと同等の法律）で定めることを、加盟国に求めた。また過剰財政赤字の是正策も厳格化され、制裁の発動が容易になった。なお財政協定はチェコには適用されない。

　ツー・パックは、ユーロ圏諸国を対象とする2つの規則（2013年発効）で、対象国の財政の監視メカニズムを強化し、ヨーロピアン・セメスターを補強す

る。これは、次年度の予算計画の欧州委員会への提出や、予算ルールの実施を監視する独立機関の設置を各国に義務付ける一方、良好でない財政状況にある国や財政支援を受けている国への監視の強化も規定している。

ここまで財政関連の改革を述べたが、経済構造の相違に対応するため、現在以上の規模での財政資金の国家間移転を制度化しなければ EU はうまく機能しない、との主張（財政同盟論）も提示されている。

④　ユーロ危機後の改革：銀行

銀行に関する改革の１つである銀行同盟も見ておこう。EU は、ある加盟国で免許を取得した銀行は他の加盟国でも営業できる、という単一パスポート制度を導入して、金融市場の統合を進めた。その一方で、免許交付国が金融機関を規制した（母国監督主義）ため、規制の足並みが揃わないという不都合が存在していた。銀行同盟とは、母国監督主義を修正し、ユーロ圏の銀行監督行政を一元化する仕組みであり、具体的には、単一銀行監督機構、単一破綻処理機構および欧州預金保険スキームの３つで構成される。

単一銀行監督機構は、自己資本要件に基づいてユーロ圏の銀行を単一的に監督する仕組みである（2014年導入）。これが金融機関の破綻の予防を目的とするのに対して、単一破綻処理機構（2015年導入）は、破綻が生じた際にそれが金融システム全体に波及しないようにするための仕組みである。ユーロ危機において、金融機関の破綻に対して公的資金が注入されたために政府債務危機が生じたという批判に応えて、納税者に負担をかけない破綻処理が目指されている。破綻処理の原則は、株主だけではなく債権者にも破綻処理の負担を求めるというベイルインである。

欧州預金保険スキームは、ユーロ圏の統一的な預金保険制度（金融機関の破綻に際して、一定額を上限として預金を保護する制度）である。ただし、まだ提案段階である。各国に設置された預金保険の基金がユーロ圏で統一されれば、金融システムが安定的な国のお金で、不安定な国の預金者を助けることになるため、このスキームには反発が存在している。

銀行同盟を補完するものとして、EU は資本市場同盟の創設も模索している。ユーロ危機の背景として、EU 企業が銀行借入に依存していた（つまり株

式市場などの資本市場における資金調達の水準が相対的に低かった）ことが指摘されるのを考慮して、国境を越えた資本市場へのアクセスを容易にすることが資本市場同盟の目的である。

第3節　近年のEUの課題

3.1　EUの民主的決定への疑念

　EUは、より市民に近い場所での政策決定を追求してきた（1.1②参照）。しかしユーロ危機を経て、EUの民主的決定への疑念が湧き上がっている。これはEUが早急に対処すべき課題であろう。

　ユーロ危機に直面したギリシャは支援と引き換えに、医療費や年金の削減など市民生活を悪化させる改革を強いられた。その1つである労働市場改革がどれほど厳しかったかは、改革後、最低賃金未満での雇用が法的に認められたと指摘するだけで十分であろう。ここでは、なぜこうした政策が要求されたのか、またどのような根拠をもつのかを語ろう。

　ユーロ危機以前、ギリシャ等は21世紀に入って一貫して、経常収支赤字を計上していた。これが持続したのは、赤字国への資金流入があったからである（2.3参照）。しかしサブプライムローンの不良債権化など金融不安が広がると、資金流入は止まってしまう。その結果、資産価格の下落や資金繰りの悪化が発生し、景気後退そして危機へと突入した。

　では、何が経常収支赤字の原因なのか。この問いへの流布した答えは、各国の生産費用（**単位労働費用（ULC）**）の差である。ULCの定義は「モノ一つを生産するための費用」であるが、**図11 - 2**に示したように、危機が生じる2008年まで、ドイツのULCがほぼ一定なのに対して、ドイツを除く6か国のそれはほぼ一貫して上昇した。つまり、この9年間にドイツ製品の生産費用は相対的に下がり、その輸出競争力が強化された結果、ギリシャ等の経常収支赤字が生じた、という形で説明される。これを根拠として、ギリシャ等は生産費用、特に労働費用を下げるための改革を強いられることになった。

　しかし、ULC原因説には批判が存在する。もしもドイツのULCの低下だけ

図11‑2　ユーロ圏主要国の ULC の推移

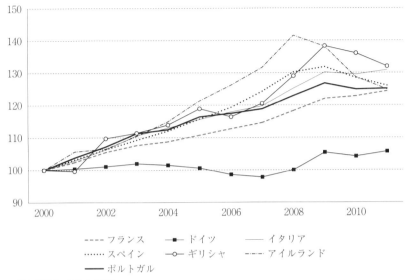

（注）2000年＝100とした指数。
（出所）経済産業省（2012：54）を一部改変。

　がその競争力を強化したのであれば、ドイツの輸出価格は低下するはずである。しかしそれは観察されない。ドイツの輸出価格と貿易収支の間に、全製品レベルで見ても財別に見ても、負の相関は存在せず、むしろ輸出価格の上昇にもかかわらずドイツの貿易収支は黒字化した（尹 2019：150）。したがってドイツの輸出競争力の源泉は低い ULC 以外に求められる必要があり、それゆえギリシャが生産費用を低下させたところで、その経常赤字（特に対独赤字）を改善できるとはいえない。

　ギリシャが支援を見返りとして通称**トロイカ**（欧州委員会、ECB および IMF）から要求された改革に、有権者は反対の意思表示をしたにもかかわらず、その上、改革の根拠となる説明に疑義が提示されているにもかかわらず、それは実行に移された。こうした政策決定のあり方は、EU における民主的決定への疑念と反発を湧き上がらせることになった。

3.2　移　　民

　移民もまた EU の喫緊の課題である。

　まず、EU の東方拡大以後の EU 域内の移民に目を向けよう。東方拡大とは、2004年と07年に中東欧10か国が EU に加盟したことを指す。既存加盟国と比べて、中東欧諸国の賃金は低いため、企業は西から東に、労働者は東から西に移った。これが実現したのは、EU が労働者の自由移動、開業の自由およびサービスの自由移動を認めるからである。また、**シェンゲン協定**（その目的は、EU 域内の国境でのヒトの出入国管理の撤廃と、域外国境での出入国管理の強化である）があるため、たとえ不法労働の場合でも、労働者の越境の規制は難しい。中東欧の労働者が合法的に西欧諸国で働く場合の賃金は、そこに居住していた労働者が期待する水準よりも低く、非合法の場合にはなおさらである。したがって移民労働者の受け入れは、ソーシャル・ダンピングとも呼ばれる労働条件の悪化を誘発し、殊に高度技能が不要な分野でそれは進行した。これと表裏一体の現象が、中東欧諸国からの頭脳流出である。

　次に、域外からの移民を見ると、EU を揺るがせた事態の発端といえるのが、A・メルケル独首相によるシリア難民の受け入れ表明（2015年8月）である。これにより彼らはギリシャ、ハンガリー、オーストリアなどを通ってドイツに向かった。本来、ダブリン規則（EU での難民認定を希望する人は、最初に入った EU 加盟国で申請するという規則）により、彼らが通過国を素通りすることはないはずだが、この規則は事実上適用されなかった。ところが翌月、ドイツはオーストリア国境でのパスポート審査の復活（つまりシェンゲン協定の停止）を発表したため、通過国は難民の流入を防ぐために連鎖的に国境を閉ざし、移動中の難民は通過国に滞留することになった。難民にとっても通過国にとっても、これは望まざることだった。この混乱の収束に役立ったのは EU とトルコの合意である。これにより EU が2016〜17年に30億ユーロ（EU 財政から10億ユーロ、残りは加盟国政府から）をトルコに支払う一方、トルコは欧州を目指すシリア難民の移動を規制することになった。域外移民の流入という課題に対処する際、EU は内部に対立を抱えると同時に、周辺国（特に地中海沿岸国）の協力を必要としている。

　さて、EU はグローバルな困難に直面するたびに、それを契機として統合を
進展させてきた。2020年以降においてもこれが妥当するか、2020年の新型肺炎
への対応も含めて EU は試されている。

参考文献

駐日 EU 代表部，2013，「EU の法律はどのように決められていますか？」，EU
　　MUG，（2020年 3 月25日取得，http://eumag.jp/questions/f0813/）．

星野郁，2015，『EU 経済・通貨統合とユーロ危機』日本経済評論社．

鴨武彦，1992，『ヨーロッパ統合』日本放送出版協会．

経済産業省，2012，『通商白書 2012』勝美印刷．

日本貿易振興機構，2013，「EU の経済・財政ガバナンスを強化するシックス・パッ
　　クとツー・パックの概要」（2020年 3 月25日取得，https://www.jetro.go.jp/ext_
　　images/jfile/report/07001470/eu_economy_finance.pdf）．

庄司克宏，2014，『新 EU 法 政策編』岩波書店．

高屋定美，2011，『欧州危機の真実』東洋経済新報社．

田中素香，2010，『ユーロ——危機の中の統一通貨』岩波書店．

矢澤朋子，2013，「ECB の欧州危機への対応」，経済の広場（大和総研），（2020年 3
　　月25日取得，https://www.dir.co.jp/report/research/introduction/economics/
　　intro-europe/20130725_007468.pdf）．

尹春志，2019，「ドイツの輸出成長と需要構造の変化（Ⅰ）——ポスト・フォード主
　　義『成長モデル』論の検討」『西南学院大学経済学論集』53（3, 4）: 115-57．

ファーザーリーディング

第1章

エネルギーについての基礎知識や、エネルギーと経済との関わりについては、

●高橋洋，2017，『エネルギー政策論』岩波書店.

の第1部が、わかりやすくまとまっている。

人類の食糧増産の歩みについては、

●ルース・ドフリース（小川敏子訳），2016，『食糧と人類――飢餓を克服した大増産の文明史』日本経済新聞出版社.（Ruth DeFries, 2014, *The Big Ratchet: How Humanity Thrives in the Face of Natural Crisis*, New York: Basic Books.）

が面白く読ませてくれる。

人新世やプラネタリー・バウンダリーなどについては、

●J・ロックストローム／M・クルム（武内和彦・石井菜穂子監修，谷淳也・森秀行ほか訳），2018，『小さな地球の大きな世界――プラネタリー・バウンダリーと持続可能な開発』丸善出版.（Johan Rockström and Mattias Klum, 2015, *Big World, Small Planet: Abundance within Planetary Boundaries*, Stockholm: Max Ström Publishing.）

がやはり必読文献となろう。

第2章

アジア、中南米、アフリカ経済について深めたい場合は、シリーズものである

●三重野文晴・深川由起子編，2017，『現代東アジア経済論』ミネルヴァ書房.

●西島章次・小池洋一編，2011，『現代ラテンアメリカ経済論』ミネルヴァ書房.

●北川勝彦・高橋基樹編，2014，『現代アフリカ経済論』ミネルヴァ書房.

から入ると良いだろう。いずれも、参考文献も充実している。

先進国経済の長期的な変容については、その包括的な構図を描いている

●アンドルー・グリン（横川信治・伊藤誠訳），2007，『狂奔する資本主義――格差社会から新たな福祉社会へ』ダイヤモンド社.（Andrew Glyn, 2006, *Capitalism Unleashed: Finance, Globalization and Welfare*, Oxford: Oxford University Press.）

をすすめたい。

長期停滞については、この論争に火をつけた、

●ロバート・J・ゴードン（高遠裕子・山岡由美訳），2018，『アメリカ経済――成長

の終焉』（上・下）日経 BP 社．（Robert J. Gordon, 2016, *The Rise and Fall of American Growth: The U. S. Standard of Living Since the Civil War*, Princeton: Princeton University Press.）

に挑戦してみたい。

第 3 章

世界の貿易・投資の動向については、

●経済産業省，各年版，『通商白書』．

が網羅的で有用である。本書では、現代の世界経済の動向も概観できる。

日本の貿易の現状と課題や、日本のアジアにおける立ち位置などについては、

●大泉啓一郎，2018，『新貿易立国論』文藝春秋．

が具体的でわかりやすい。

リカードウ貿易論研究の必読文献として、

●森田桐郎編，1988，『国際貿易の古典理論──リカードウ経済学・貿易理論研究入門』同文舘．

がある。世界経済の現代的問題まで射程に入れてリカードウを読み、リカードウ経済学および外国貿易論の全体像を明らかにした意欲的な研究書である。

主流派貿易論のテキストを一冊、といわれれば、迷わず、

●P・R・クルーグマン／M・オブストフェルド／M・J・メリッツ（山形浩生・守岡桜訳），2017，『クルーグマン国際経済学──理論と政策〔原著第10版〕上・貿易編』丸善出版．（Paul R. Krugman, Maurice Obstfeld and Marc J. Melitz, 2015, *International Economics: Theory and Policy*, 10th ed., Boston: Pearson.）

を挙げる。3 人の執筆者はいずれも現代を代表する国際経済学者。最新の研究まで網羅しており、内容豊富で読み応え十分。

第 4 章

戦後の貿易体制や、現代貿易の課題については、初学者向けであるが、

●小林尚朗・篠原敏彦・所康弘編，2017，『貿易入門──世界と日本が見えてくる』大月書店．

が幅広く取り扱っており読みやすい。

現代の WTO 体制が直面する問題については、

●深作喜一郎，2019，『超不確実性時代の WTO ──ナショナリズムの台頭と WTO の危機』勁草書房．

が読み応えあるだろう。関連して、

●ダニ・ロドリック（岩本正明訳），2019，『貿易戦争の政治経済学──資本主義を再

208

構築する』白水社.（Dani Rodrik, 2018, *Straight Talk on Trade: Ideas for a Sane World Economy,* Princeton: Princeton University Press.）
は、現代の世界経済秩序や資本主義そのものの問題点を分析した上で、その将来的なあり方を問う興味深い本である。

また、「ワシントン・コンセンサス」とは異なる新たな秩序として、「アジア・コンセンサス」を模索しているのが、
●平川均・石川幸一・山本博史・矢野修一・小原篤次・小林尚朗編, 2016, 『新・アジア経済論——中国とアジア・コンセンサスの模索』文眞堂.
である。

第5章

日本の国際収支と対外資産負債残高について、さらに詳しく知りたい場合には、統計を作成している日本銀行自身がWebサイトで提供している、
●日本銀行国際局, 2020, 「『国際収支統計（IMF国際収支マニュアル第6版ベース）』の解説」, 日本銀行ホームページ,（2020年6月30日取得, https://www.boj.or.jp/statistics/outline/exp/exbpsm6.htm/）.
を読むことをすすめる。

国際収支の読み方だけでなく、関連する諸問題を幅広く学ぶには、
●棚瀬順哉編, 2019, 『国際収支の基礎・理論・諸問題——政策へのインプリケーションおよび為替レートとの関係』財経詳報社.
が有益である。

2000年代以降の国際マネーフローに影響を与えている、グローバル・インバランスについては、
●田中綾一, 2017, 「複合危機とグローバル・インバランス」牧野裕・紺井博則・上川孝夫編『複合危機——ゆれるグローバル経済』日本経済評論社, 243-64.
で詳しく説明している。

第6章

外国為替の種類や為替相場の見方、外国為替取引の現状など、外国為替全般については、
●田中綾一, 2020, 「外国為替と国際通貨体制」奥田宏司・代田純・櫻井公人編『深く学べる国際金融——持続可能性と未来像を問う』法律文化社, 15-44.
で詳しく説明している。本章を補完する文献として利用してほしい。

ドル体制、ユーロ体制、人民元の国際化など、国際通貨体制の今後を考える際には、
●奥田宏司, 2017, 『国際通貨体制の動向』日本経済評論社.

●奥田宏司，2020，『国際通貨体制の論理と体系』法律文化社.
を読むことをすすめる。

銀行間外為市場における為替媒介通貨の機能に注目した先駆的な研究として、
●ロナルド・I・マッキノン（鬼塚雄丞・工藤和久・河合正弘訳），1985，『国際通貨・
　金融論——貿易と交換性通貨体制』日本経済新聞社.（Ronald I. McKinnon,
　1979, *Money in International Exchange: The Convertible Currency System*,
　New York: Oxford University Press.）
が挙げられる。是非挑戦してほしい。

第7章

開発経済学を学ぶには、まず、理論的な考え方をわかりやすく解説している
●黒崎卓・栗田匡相，2016，『ストーリーで学ぶ開発経済学——途上国の暮らしを考
　える』有斐閣.
から入り、より高度なテキストに進むとよいだろう。

A・センの著作はたくさんあるが、ケイパビリティについては、
●アマルティア・セン（石塚雅彦訳），2000，『自由と経済開発』日本経済新聞社.
　（Amartya Sen, 1999, *Development as Freedom*, New York: Alfred A. Knopf.）
に挑戦してみたい。

途上国の開発戦略については、
●大塚啓二郎，2014，『なぜ貧しい国はなくならないのか——正しい開発戦略を考え
　る』日本経済新聞出版社.
の一読をすすめたい。

世界の開発の現状と課題については、世界銀行が毎年刊行している
●世界銀行，各年版，『世界開発報告』.（World Bank, *World Development Report*,
　Washington, D. C.: World Bank.）
が役に立つだろう。データも豊富である。

第8章

途上国の発展を支える政策や制度の現状については、
●ハジュン・チャン（横川信治監訳，張馨元・横川太郎訳），2009，『はしごを外せ
　——蹴落とされる発展途上国』日本評論社.（Ha-Joon Chang, 2002, *Kicking
　Away the Ladder: Development Strategy in Historical Perspective*, London:
　Anthem Press.）
が、歴史的視点を踏まえて論じており、有益である。

途上国の今後を見通す上では、グローバル化による租税問題について論じた

●諸富徹，2013，『私たちはなぜ税金を納めるのか——租税の経済思想史』新潮社．
と、アジア経済の目指すべき方向として、経済発展と社会発展の両面の必要性を説いている

●末廣昭，2014，『新興アジア経済論——キャッチアップを超えて』岩波書店．
をすすめたい。

第9章

政治・経済・文化・思想史という多角的な視点から米国の現状を掘り下げた
●会田弘継，2017，『破綻するアメリカ』岩波書店．
は、トランプ政権の発足によって深まった米国の分断とその行方を考える上で示唆に富む内容である。

経済と経済政策、金融市場と金融政策、企業と経営、社会保障・労働と経済思想という4つの分野において、今日の米国が抱える多様な問題を網羅的に扱っている文献として、
●谷口明丈・須藤功編，2017，『現代アメリカ経済史——「問題大国」の出現』有斐閣．
を挙げることができる。

現代の米国の経済成長の特徴、経済制度や政策を詳細に分析している
●中本悟・宮﨑礼二編，2013，『現代アメリカ経済分析——理念・歴史・政策』日本評論社．
は、それらを形成した社会の理念や政策思潮の歴史的流れも分析の対象としている。

これから米国の政治経済を学ぼうとする者は、
●藤木剛康編，2012，『アメリカ政治経済論』ミネルヴァ書房．
から当該分野の知識を体系的に学ぶことができるだろう。また補章の「アメリカ政治・経済研究のためのレポート・卒業論文作成ガイド」は、研究の手引きとして参考になる。

第10章

中国経済の歩みや、中国経済の諸問題をわかりやすく解説した入門書としては、
●南亮進・牧野文夫編，2016，『中国経済入門　第4版——高度成長の終焉と安定成長への途』日本評論社．
●梶谷懐・藤井大輔編，2018，『現代中国経済論　第2版』ミネルヴァ書房．
の2冊をすすめたい。前者は主に改革・開放政策以降を、後者は中国が経済大国となるまでの100年を対象とし、中国経済の変貌の原因やその過程で現れる課題を広く扱っている。

中国の開発戦略については、毛沢東時代と鄧小平時代を比較しつつ、時代背景と特徴を理論的、実証的に分析した
　●中兼和津次，1999，『中国経済発展論』有斐閣.
が、すぐれた研究書である。
　中国の対外経済政策については、特にGATT/WTO加盟問題を中心に、改革・開放後の政策転換の特徴と問題点を検討した
　●片岡幸雄・鄭海東，2004，『中国対外経済論』渓水社.
を挙げておきたい。

第11章

　EU経済に関する基礎的知識を網羅した入門的文献として、
　●本田雅子・山本いづみ編，2019，『EU経済入門』文眞堂.
がある。
　第3節で触れたEUの民主的決定への疑念という論点に興味をもった読者には、
　●尾上修悟，2017，『ギリシャ危機と揺らぐ欧州民主主義──緊縮政策がもたらすEUの亀裂』明石書店.
　●ウルリッヒ・ベック（島村賢一訳），2013，『ユーロ消滅？──ドイツ化するヨーロッパへの警告』岩波書店.（Urlich Beck, 2012, *Das deutsche Europa: Neue Machtlandschaften im Zeichen der Krise,* Berlin: Suhrkamp Verlag.）
の2冊をすすめたい。
　単位労働費用について詳しく知りたい読者は、難易度は高いが、
　●尹春志，2013，「EUにおける地域的不均衡再考──単位労働コスト分析の誤診」『西南学院大学経済学論集』48(1・2)：157-89.
に挑戦してみてはどうだろうか。

用語集・文献探索

　経済に関する専門用語の意味を知りたいときには、用語集の類を活用しよう。経済学全般に関するものだけでも多く刊行されているが、中でも
　●伊東光晴編，2004『岩波現代経済学事典』岩波書店.
は、最もバランスのよい用語集となっており、一押しである。
　また、単行本や、雑誌に収録された論文・記事を探したいときには、国立情報学研究所の
　●「CiNii Books ─大学図書館の本をさがす」〈https://ci.nii.ac.jp/books/〉
　●「CiNii Articles ─日本の論文をさがす」〈https://ci.nii.ac.jp/〉
を使うべきである（CiNiiは「サイニィ」と読む）。

索　　引

編著者紹介

■編者

妹尾裕彦（せ お やすひこ）

第1章，第2章，第3章第1節〜第2節，第7章

京都大学大学院経済学研究科博士課程修了 博士（経済学）

現在，千葉大学教育学部准教授

近著

『国際政治モノ語り──グローバル政治経済学入門』共著，法律文化社，2011年

田中綾一（た なかりょういち）

第5章，第6章

立命館大学大学院国際関係研究科博士課程修了 博士（国際関係学）

現在，駒澤大学経済学部教授

近著

『深く学べる国際金融──持続可能性と未来像を問う』共著，法律文化社，2020年

田島陽一（た じまよういち）

第9章

立命館大学大学院国際関係研究科博士課程修了 博士（国際関係学）

現在，東京外国語大学大学院総合国際学研究院教授

近著

『現代アメリカ経済分析──理念・歴史・政策』共著，日本評論社，2013年

■執筆者

山川俊和（やま かわ とし かず）	大阪産業大学経済学部准教授	第3章第1節〜第2節
鳴瀬成洋（なる せ しげ ひろ）	神奈川大学経済学部教授	第3章第3節
小林尚朗（こ ばやしなお あき）	明治大学商学部教授	第4章
頼俊輔（らい しゅんすけ）	明治学院大学国際学部准教授	第8章
鄭海東（てい かい とう）	福井県立大学経済学部教授	第10章
豊嘉哲（ゆたか よし あき）	山口大学経済学部教授	第11章

Horitsu Bunka Sha

地球経済入門
——人新世時代の世界をとらえる

2021年3月10日　初版第1刷発行

編　者　妹尾裕彦・田中綾一
　　　　田島陽一

発行者　田　靡　純　子

発行所　株式会社 法律文化社

　　　　〒603-8053
　　　　京都市北区上賀茂岩ヶ垣内町71
　　　　電話 075(791)7131　FAX 075(721)8400
　　　　https://www.hou-bun.com/

印刷：共同印刷工業㈱／製本：㈱藤沢製本
装幀：仁井谷伴子

ISBN 978-4-589-04123-4

奥田宏司・代田 純・櫻井公人編

深く学べる国際金融
―持続可能性と未来像を問う―

A 5 判・182頁・2400円

国際金融の基本を学ぶ基本テキスト。複雑で難解な制度や理論、慣れない用語を丁寧に解説し、道筋を立てて全体を概説する。激動する国際金融の安定した今後を探るためのヒントと視座の修得をめざす。

稲垣文昭・玉井良尚・宮脇 昇編

資 源 地 政 学
―グローバル・エネルギー競争と戦略的パートナーシップ―

A 5 判・190頁・2700円

地政学的観点から資源をめぐる国際政治動向を学ぶ。「接続性」概念から地政学的経路や障壁を俯瞰し、資源貿易が政治体制や民族問題の構図にどのような影響を与えているのかを考察。世界で起こっている資源をめぐる争いのダイナミズムを捉える視座を提供する。

羽場久美子編

21世紀、大転換期の国際社会
―いま何が起こっているのか?―

A 5 判・184頁・2400円

英国の EU 離脱、米国のトランプ政権誕生から、移民・難民、ポピュリズム、中国・北朝鮮関係、AIIB、日本経済、武器輸出、ロシア正教、中東危機、アフリカにおけるテロまで、いま最も知りたい論点を第一線の研究者たちがわかりやすく説明。

平井 朗・横山正樹・小山英之編

平 和 学 の い ま
―地球・自分・未来をつなぐ見取図―

A 5 判・194頁・2200円

グローバル化社会のもとで複雑化する今日的課題へ平和学からアプローチし、様々な問題の根源に迫る。平和創造のための学問である平和学の理論的展開を踏まえ、平和学の役割とアイデンティティを探究し、私たち一人一人が平和創造にどのようにかかわるかも明示する。

松下 冽著

ラテンアメリカ研究入門
―〈抵抗するグローバル・サウス〉のアジェンダ―

A 5 判・240頁・2600円

ラテンアメリカの軌跡を考察し、将来を構想する視座と基本論点を明示する。「新自由主義的グローバル化」の下で、生活の困窮を強いられながらも、民衆はどのように抗い、立ち向かったのか。市場の論理を超える「抵抗するグローバル・サウス」の構築へ向けた試みと課題を探究する。

中村桂子著

核のある世界とこれからを 考えるガイドブック

A 5 判・172頁・1500円

「なぜ核兵器はあるのだろう?」という素朴なギモンや、「核兵器のある世界」となった〈これまで〉と〈いま〉について知ることからはじめる。たくさんのギモンを考え、リアルを学ぶなかで、核がない世界をどう創るのか。基礎的思考力を身につけるためのガイドブック。

―法律文化社―

表示価格は本体(税別)価格です